BUR

Dello stesso autore

L'élite senza potere
Vita e Pensiero, Milano 1963.
Ripubblicato da Bompiani, Milano 1973.

Consumi e società
Il Mulino, Bologna 1964.

L'integrazione dell'immigrato nella società industriale
(in coll. con G. Baglioni)
Il Mulino, Bologna 1966.

L'attivista di partito
(in coll. con A. Manoukian, F. Olivetti e A. Tosi)
Il Mulino, Bologna 1967.

Statu nascenti
Il Mulino, Bologna 1968.

Classi e generazioni
Il Mulino, Bologna 1970.

Italia in trasformazione
Il Mulino, Bologna 1976.

Movimento e istituzione
Il Mulino, Bologna 1977.

Innamoramento e amore
Garzanti, Milano 1979.

Le ragioni del bene e del male
Garzanti, Milano 1981.

L'albero della vita
Garzanti, Milano 1982.

L'amicizia
Garzanti, Milano 1984.

L'erotismo
Garzanti, Milano 1986.

Pubblico e privato
Garzanti, Milano 1987.

L'altruismo e la morale
(in coll. con S. Veca)
Garzanti, Milano 1988.

Genesi
Garzanti, Milano 1989.

Gli invidiosi
Garzanti, Milano 1991.

Il volo nuziale
Garzanti, Milano 1992.

Valori
Rizzoli, Milano 1993.

L'ottimismo
Rizzoli, Milano 1994.

Ti amo
Rizzoli, Milano 1996.

Il primo amore
Rizzoli, Milano 1997.

Abbiate coraggio
Rizzoli, Milano 1998.

Francesco Alberoni

IL PRIMO AMORE

Biblioteca Universale Rizzoli

ISBN 88-17-25827-X

prima edizione BUR: maggio 1999

Questa ricerca è stata resa possibile grazie ad un finanziamento della COMPAGNIA DI ASSICURAZIONE SAI realizzato con una convenzione con l'Università IULM. La SAI promuove le ricerche sulla crescita emozionale dell'individuo, la formazione della coppia, i suoi problemi, il suo sviluppo armonico per poter svolgere, in modo sempre più efficace, la propria attività assicurativa a favore della famiglia italiana.

Hanno condotto la ricerca:

VIEVA CASINI Psicologa-psicoterapeuta, Viareggio (Lucca), per le interviste cliniche sui bambini.

ROSANTONIETTA SCRAMAGLIA Ricercatore di Sociologia, Università IULM, Milano per la ricerca quantitativa a cui hanno collaborato anche: Bartolomeo Corsini, Chiara Debernardi, Miriam Gambitta, Roberto Lavarini, Giovanna Purchiaroni, Gianlorenzo Scramaglia, Laura Tacchetti.

Ringraziamenti

Un sentito ringraziamento va alla dr.ssa MARIA BORSACCHI, direttore didattico e vicesindaco di Camaiore per la preziosa collaborazione sua e della scuola da lei diretta.

Ringraziamo anche i Presidi, gli Insegnanti, gli Studenti delle scuole milanesi:

Elementari di via Corridoni, via Quadronno, via Spiga (Direttore dott. V. De Vita).

Medie: O. Tabacchi (Prof.ssa S. Di Pietro), E. De Marchi (Prof.ssa R. G. Piazzardi), E. Lombardini (Prof.ssa A. Minella).

Superiori: A. Einstein (Prof. Spoliti), G. Feltrinelli (Prof. Bianchi), D. Marignoni (Prof. Percesepe), G. Schiapparelli (Prof.ssa Pedrizzi).

Un caldo ringraziamento a GIULIA LIGRESTI che si è prodigata per rendere possibile questi studi e che li ha seguiti con tanta sollecitudine.

Infine un ringraziamento riconoscente alla mia amatissima sposa ROSA ALBERONI che, anche in questo caso come in tutti gli altri, ha seguito le varie fasi della ricerca e collaborato alla stesura del testo con la sua consueta bravura.

Sommario

Capitolo Quarto
Timidezza e vergogna

Capitolo Quinto
L'innamoramento infantile

PARTE SECONDA
L'adolescenza e la giovinezza

Capitolo Sesto
Nuovi amici e nuovi amori

Capitolo Settimo
L'internazionale dei giovani

PARTE PRIMA

L'infanzia

CAPITOLO PRIMO

La porta

Vieva, una mia amica psicologa, mi accompagna a visitare un asilo nido. È un edificio basso, immerso nel verde. Entrando mi aspetto di sentire pianti e grida di bambini. Niente di tutto questo. È solo un ricordo che contagia il presente. Mi rivedo nella penombra mentre cullo la mia prima figlia che non ne vuole sapere di dormire. La scena nell'aula è diversa: capannelli di bambini che giocano sereni e pronunciano qualche frase con tono tranquillo. In un angolo, l'educatrice sta accudendo un bambino su un fasciatoio. Mentre lo lava gli parla sorridendo, gli accarezza il corpo.

Lui la guarda e, ogni tanto, emette un gorgheggio.

Arriva un altro bambino, ha dieci mesi e si chiama Luca. È abbarbicato alla madre, nasconde il volto contro il suo collo. La madre lo affida alle braccia dell'educatrice, lo bacia e si allontana senza voltarsi. Luca agita le gambe con forza, come se volesse liberarsi da quella stretta sconosciuta. Sta per piangere, ma l'educatrice lo previene: «Ciao! Ma che bel bambino sei. Buon giorno, benvenuto!». La voce è dolce, carezzevole. Il volto illuminato da un sorriso radioso.

Luca la osserva con i suoi grandi occhi scuri. Lei continua con lo stesso tono di voce a blandirlo, mentre l'accarezza muove alcuni passi nell'aula. Poi l'adagia su un tappeto, si siede di fronte a lui e lo circonda di giocattoli colorati. «Guarda come sono belli.» Il bambino comincia ad esplorarli. Ne prende uno e lo porta alla bocca. Ma il suo sguardo è attratto da un altro. Lo afferra e alza lo sguardo verso l'educatrice, che gli sorride approvando.

«Ecco il mio dormiglione.» L'ultimo bambino arrivato avrà un anno. L'educatrice lo prende dalle braccia di un giovane uomo, lo bacia e poi lo depone accanto a Luca. Porge anche a lui dei giocattoli. Li osserva standο seduta china verso di loro. Dice a quello arrivato in ritardo di dare uno dei suoi giocattoli a Luca. Il bambino ubbidisce. Luca lo prende e lo scruta incuriosito. Poi lo tende verso l'alto, ridendo.

Ci spostiamo in un'aula accanto. Qui ci sono bambini fra i due e i tre anni. Entra Jessica, ha ventotto mesi, capelli rossi ondulati e occhi verdi. L'educatrice le va incontro: «Buon giorno, Jessica». La bimba la ignora. Tira dritto verso un triciclo abbandonato nell'angolo opposto dell'aula. Ha gli occhi rossi.

«Ha pianto», ci informa l'educatrice, «è con noi da pochi giorni. Ogni mattina ripete la stessa scena, non vuole staccarsi dal suo papà.» Jessica sale sul triciclo e si mette a pedalare girando per l'aula corrucciata. L'insegnante si siede su un divano e le dice: «Jessica, vieni a vedere, c'è una nuova bambola». Jessica scuote il capo. Fa un altro giro per la stanza e poi, come se avesse deciso da sola, molla il triciclo e raggiunge l'educatrice. Lei l'abbraccia forte, e le dà la nuova bambola: «Visto che bella?». Jessica la prende e con fare distratto va a sedersi fra due bambini della sua stessa età. Sorride e appoggia la testa sulla spalla di uno di loro.

Domando a Vieva se i bambini così piccoli si affezionano in particolare a qualche insegnante. «Oh sì, hanno delle preferenze, soprattutto quelli più grandicelli.» Le racconto di quando portai uno dei miei figli ad un asilo nido nel centro di Milano, eravamo preoccupati più sua madre ed io che lui. In pochi giorni si era adattato benissimo. Tornando a casa ci parlava sempre di Luciana, la sua insegnante, gli piaceva molto.

Il mio sguardo ritorna su Jessica. È assorbita dal gioco che sta facendo con i suoi compagni. Stanno stretti, stretti. Uno dei bambini la cinge con un braccio e le sussurra qualcosa all'orecchio. Lei ride.

È proprio vero, mi dico, ogni essere umano per accettare un ambiente nuovo ha bisogno che almeno una persona lo accolga, lo rassicuri. Lo faccia sentire amato. Questa persona costituisce la porta per entrare nel nuovo mondo.

Succede ai bambini piccoli quando entrano all'asilo. E succede all'emigrante quando arriva in una terra straniera. È solo, tutti i volti che lo circondano gli appaiono impenetrabili, ostili. Il paesaggio, i colori, le forme delle case gli sembrano strani. Gli odori repellenti. I suoni della lingua lo frastornano. Gira fra la gente, cerca di capire, di afferrare il significato di ciò che lo circonda. Un volto amico. Niente. Negli sguardi che incrocia scorge solo indifferenza, ostilità. Lo invade una struggente nostalgia per la famiglia, per la sua città, per la patria. Dentro di sé una voce urla: Torna a casa.

Eppure in quel mondo deve entrarci, non può arrendersi. E un giorno, proprio quando cominciava a disperare, incontra un altro emigrante, che è arrivato in quel posto molto tempo prima di lui, che si è integrato, ha trovato degli amici, si è fatto una famiglia. È uno che parla la sua lingua, che ha avuto i suoi stessi problemi, perciò lo capisce. Lo invita a casa, gli presenta sua moglie, i suoi parenti, degli amici. Vanno a fare una gita in macchina, gli mostra i dintorni della città.

L'emigrante ha un amico. È lui la porta per entrare nel mondo nuovo a cui è approdato. Ora vede quel Paese straniero con occhi nuovi. Il suo cuore e i suoi sensi si aprono ed accolgono quei colori, quegli odori, quei sapori, che prima lo respingevano, come novità entusiasmanti. Prima si sentiva un bambino smarrito, ora si sente forte e capace di proseguire.

Lui è adulto, e un adulto coraggioso, perché ha saputo lasciare la sua terra e affrontare un mondo ignoto. Ma la sua esperienza non è sostanzialmente diversa da quella del bambino, quando entra nell'asilo nido. Il bambino ha dovuto lasciare le braccia protettive dei genitori perché essi l'hanno portato all'asilo. L'hanno condotto in un territorio sconosciuto.

Per potersi inserire ha bisogno di una educatrice che lo rassicuri con i suoi comportamenti, il suo sguardo, le carezze, il sorriso. Di una persona che gli dia amore e si lasci amare. Questa persona, così diversa dalla madre e dal padre, è la porta da cui entrare. È solo il principio, perché ogni volta, ad ogni passaggio della sua vita, dovrà trovarne un'altra per proseguire il suo viaggio.

Abbiamo lasciato l'asilo nido e ci dirigiamo verso la scuola materna, sistemata in un'altra ala dell'edificio. Vieva mi guida attraverso un corridoio luminoso. Le aule sono collocate a pettine.

Entriamo in una di esse. È una esplosione di colori. Pareti bianche, scaffali verdi, armadietti gialli, tavolinetti e seggiolini rosa e azzurri. Sparsi un po' ovunque, cesti e contenitori di giocattoli rossi e gialli. Sulle pareti, fra gli scaffali e gli armadietti, sono attaccati grandi fogli con i disegni fatti dai bambini stessi.

Vieva conosce uno per uno quegli scolaretti che allietano la stanza con le loro voci. È la loro psicologa. I bambini formano tanti gruppetti. Sono così assorbiti dai loro giochi da ignorare la nostra presenza. Le educatrici sono due. E ciascuna spiega ad un capannello di bambini come utilizzare tempere e pennelli. I fogli da disegno sono così grandi da coprire la superficie dei tavolinetti. Su di essi tante manine paffute e teste chine. Disegnano. Vieva mi spiega che si usano fogli di dimensione e forme differenti, anche pentagonali e triangolari, affinché i bambini si abituino ad organizzarsi su spazi diversi.

Il mio sguardo si sofferma ad un tavolino con tre bambini. Sono in piedi ed occupano un solo lato del tavolo. I tre corpicini sono così stretti l'uno all'altro da formare una siepe.

«Sono Enrico, Roberto e Laura», mi informa Vieva, prevenendo qualsiasi mia domanda. «Hanno circa quattro anni. Stanno sempre insieme perché "si piacciono", come dicono loro. Le insegnanti li lasciano liberi di scegliersi. Così i bambini, sin dai primi giorni, formano dei gruppi, basandosi sulla simpatia. E già dalle prime settimane stabiliscono tutti i tipi di rapporti nella loro forma elementare. Il loro legame è emotivo. Infatti spesso litigano, ma dura poco, ritornano sempre insieme. Sono complici nel fare e nel nascondere le piccole marachelle. Se li osservi bene, noti che ogni gruppo è autonomo, autosufficiente. Risolvono problemi, affrontano prove, stabiliscono cosa fare. Enrico, Roberto e Laura oggi hanno deciso di disegnare quello scivolo», conclude indicando il giardino. Infatti i bimbi sono presi dalla loro creazione. Solo di tanto in tanto sollevano le testoline dal foglio e guardano fuori dalla grande vetrata, dove luccica il loro modello.

Poco più in là altri due bambini. Hanno anche loro un foglio grande posato sul tavolinetto. Ma non disegnano. Parlano con foga, si danno degli spintoni, poi tornano a mettersi spalla a spalla.

«Quei due sono Marco e Matteo. Hanno cinque anni. Fra loro c'è un rapporto affettivo stabile. Sono qui da due anni. Si sono simpatici, perciò dicono di se stessi che sono grandi amici. Non si separano quasi mai. Si vedono anche durante il pomeriggio, perché abitano nello stesso palazzo. Ora stanno commentando il gioco dei mostri che hanno fatto poco prima.»

«Anche Serena e Margherita, quelle due bambine in fondo all'aula, stanno sempre insieme», continua paziente Vieva. «Hanno quattro anni e le insegnanti faticano a far fare loro qualcosa. Parlano tutto il giorno. Si autodefiniscono le migliori amiche che ci siano.»

Chissà cosa avranno da dirsi a quell'età? mi domando incuriosito. «Tu saprai certamente di cosa parlano», faccio a Vieva. «A te lo dicono.»

«Di tutto. Parlano dei loro genitori, dei cartoni animati che hanno visto la sera precedente. Vedono gli stessi programmi, e il giorno dopo li commentano. Si inventano anche delle storie, modificando la trama dei film che hanno visto in Tv. Mi dicono che stanno bene insieme, che preferiscono la scuola alla propria casa. E la sera, quando vanno a letto, si augurano che venga presto giorno per ritrovarsi. Il loro legame è davvero forte.»

«Sono quindi due amici intimi. La loro amicizia non mi sorprende, avviene di solito nei bambini dello stesso sesso e della stessa età. Ma adesso mostrami i fidanzatini di cui mi parlavi prima.»

«Eccoli! Si chiamano Eleonora ed Angelo ed hanno cinque anni.»

Al di là di un gruppetto di bambini, sdraiati per terra intorno ad un grande foglio da disegno, vedo i due fidanzatini. Si tengono per mano, stanno seduti vicini vicini, e parlano sottovoce. Vedendosi osservati, chinano le teste e sorridono imbarazzati.

È quasi l'ora di uscire. Le insegnanti li invitano a mettere in ordine gli oggetti e i giocattoli usati. I bambini eseguono in modo frettoloso e poi escono dall'aula e si avviano verso il bagno. Anche i due fidanzatini ci passano davanti correndo.

Li seguiamo nei bagni. Davanti ai lavandini c'è un po' di confusione: chi ride, chi parla mentre si lava le mani, chi schizza con l'acqua, chi perde il sapone, chi protesta perché qualcuno non ha rispettato il suo turno per asciugarsi le mani. I due fidanzatini davanti ad un lavandino si sussurrano qualcosa. Fra loro c'è un gioco di sguardi. Angelo fa le bolle di sapone, Eleonora ci prova anche lei. Ma non le riescono bene. Angelo le mostra come si fa, ripetendo l'esperimento.

«A pranzo, bambini!»

Vieva ed io ci avviamo verso l'uscita. Sono grato alla mia amica per avermi introdotto nel territorio indecifrabile dei bimbi. Indecifrabile per me, mi dico, mentre le cedo il passo sulla porta d'uscita. Lei è a suo agio in questo mondo. Li conosce da anni, e sa tutti i loro segreti.

«Mi sembra di aver individuato quattro forme fondamentali di relazioni», dico a Vieva mentre metto in moto l'automobile. «*Il gruppo*, costituito da Luca, Roberto e Laura, *l'incontro emotivo*, avvenuto fra Jessica e i suoi compagni di gioco. *L'amicizia* nata fra Marco e Matteo, Serena e Margherita. E *l'innamoramento infantile* sorto fra Eleonora e Angelo. Ognuna di queste relazioni costituisce una breccia, per uscire dal luogo recintato della famiglia.[1] È una porta che conduce verso il mondo esterno. Per entrare nel territorio dell'asilo e della scuola materna, è necessario un rapporto con una persona adulta, con l'educatrice. Per cominciare ad uscire dallo steccato della famiglia, occorre una relazione amorosa con i pari: l'amicizia o l'innamoramento. E i tuoi piccoli sembra siano pronti.»

«Sì», fa lei ridendo, «quasi tutti sono pronti a saltare la staccionata.»

Posteggio la macchina nel cortile della mia casa toscana. «Hai ancora un po' di tempo da dedicarmi?», chiedo a Vieva che è molto pensierosa. Si starà domandando che tipo di ricerca intendo fare. Sa che non sono solo i comportamenti dei bambini che mi interessano. Ed ha ragione.

«Sì, posso fermarmi ancora un po'.»

«Allora vieni, vediamo se mia moglie ci offre un aperitivo.»

Entrato in casa la guido nel mio studio. Poco dopo arriva mia moglie Rosa con un vassoio colmo di bicchieri, bibite e una scodella di parmigiano tagliato a cubetti.

«È stata interessante la visita all'asilo?», chiede mia moglie, mentre porge un bicchiere all'ospite. Vieva le sorride e prende il bicchiere.

«È stata molto istruttiva», rispondo mentre dalla finestra osservo il prato. È di un verde intenso e le foglie degli alti pioppi luccicano al sole di maggio. Torno al centro della stanza, mi siedo di fronte a Vieva. «Ti sono grato del tempo che mi hai dedicato. Ma ora ho il dovere di dirti i veri motivi che mi hanno spinto a chiederti di farmi visitare quell'asilo.»

«Solo se vuoi, non sei obbligato... l'ho fatto volentieri...» Si schermiscono anche i suoi grandi occhi verdi.

«No, te lo devo, e inoltre voglio chiedere la tua collaborazione. Da molti anni ho in mente di condurre una ricerca sull'innamoramento nei bambini e negli adolescenti. Ma ho sempre rimandato. Poi, un giorno, ho preso la decisione di partire.» Mia moglie, che è complice del mio lavoro, mi porge una copia di giornale. «Alcuni mesi fa, mi ha colpito la notizia del suicidio di una ragazzina di tredici anni. Il cronista ci informa che, l'estate scorsa, si era innamorata di un ragazzo più vecchio di lei che lavorava nell'albergo dove aveva trascorso qualche settimana di vacanza. Non si sa cosa sia successo fra loro in quel breve periodo in cui sono stati insieme. Probabilmente il ragazzo si è limitato ad essere gentile, affettuoso con la giovanissima cliente. Ma a lei deve essere bastato per poter immaginare un grande amore. Perché l'innamoramento non esplode se noi non riteniamo che vi sia una qualche possibilità di essere ricambiati. Perciò basta un gesto, un segnale male interpretato per far sorgere la speranza e scatenare l'innamoramento. Qualcosa di simile deve essere accaduto alla sfortunata ragazza. Lei si innamora e spera di poter essere corrisposta. Tornata a casa, incomincia a scrivergli lunghe lettere a cui lui non risponde. Un giorno, dal paese delle vacanze, arriva della posta. La ragazza ha un tuffo al cuore, pensa che sia per lei. Che l'amato finalmente le risponda. Ma non è così. La posta è indirizzata al fratello maggiore che aveva fatto amicizia con alcuni giovani del posto. La delusione getta la ragazza in una crisi di sconforto. Decide di uccidersi. Ingoia un tubetto di pastiglie di un farmaco trovato in casa e, poche ore dopo, muore.»

Vieva scuote la testa: «È il dramma di una adolescente che non è stata capita, che non è stata ascoltata. Alcuni possono uccidersi per un brutto voto preso a scuola. Però questi drammi sono sempre la conseguenza di un accumulo di cause, di motivi profondi».

«Noi i motivi profondi non li conosciamo. Potremmo solo fare delle supposizioni. Può essere stato anche soltanto un momento di disperazione, che la giovane età non le ha permesso di sopportare. Forse se qualcuno, in quel momento, l'avesse consolata o semplicemente distratta, non avrebbe commesso quel gesto irreparabile. Non possiamo saperlo... Possiamo invece dedurre che la bambina doveva soffrire molto se è arrivata ad uccidersi. Noi sappiamo solo che c'è una grande differenza fra individuo e individuo nella capacità di amare. Alcuni amano appassionatamente, soffrono, rischiano la loro vita su una sola persona. Altri sono assorbiti dal lavoro, dagli amici, dallo sport, dai giochi del gruppo. Ma, quando ci troviamo di fronte a questi gesti estremi, io mi rendo conto che non so nulla, o quasi, sugli amori dell'infanzia e dell'adolescenza. A noi adulti sembrano sciocchezze, non li prendiamo sul serio, sorridiamo. Perché ciò che gli adolescenti chiamano amore spesso si rivela una cotta momentanea, che svanisce repentina come è venuta, altre volte una esibizione, talvolta un gioco. Ma è sempre così?»

«Noi sappiamo anche che durante l'adolescenza avviene il distacco dai genitori e la costruzione della propria identità. Un processo difficile.»

Sempre i genitori!, mi dico. È una deformazione professionale che ha contagiato anche Vieva. Però io so che lei è flessibile, disponibile, attenta. Devo scuoterla. «Perché gli psicologi parlano sempre dei genitori, e non degli amori dei ragazzi?» Il tono è volutamente provocatorio.

«Perché», obietta Vieva con serietà professionale, «il rapporto genitoriale resta quello più importante.»

«Però molti dei tuoi colleghi, qualche volta, esagerano. E te ne do la dimostrazione.» Mi alzo, vado alla libreria e prendo un libro sulla psicologia dell'adolescenza. Lo apro ad un punto in cui avevo messo un segnalibro. L'autore, un terapeuta, espone il tentativo di suicidio di una ragazza. Egli ricostruisce nei minimi dettagli quanto è accaduto fra lei, sua madre e suo padre sin da quando aveva una settimana di vita. Però non chiede alla ragazza le ragioni che l'hanno portata a tentare il suicidio. Agisce come se al mondo esistessero solo loro tre. Agisce come se nella vita dell'adolescente non ci fosse niente altro d'importante. Non ci fossero parenti, amici, ideali, sogni, amori.

«Se leggi il resoconto di questo caso, ti convinci che i miei dubbi non sono così infondati. Vedrai che la ragazza cerca di comunicare al suo terapeuta di aver avuto una grave delusione d'amore. Infatti ad un certo punto gli dice: "Mi aggrappo sempre al mio ragazzo, per me è molto importante". Ma il terapeuta non ascolta. Le domanda ancora una volta che rapporto ha con suo padre. L'adolescente insiste: "Quest'anno sono sola, non sono abituata a superare le cose da sola...". E lui commenta: "Il vissuto di solitudine è connesso con l'esistenza o meno di comunicazione. Tuo padre sa poco di te, però tu, dal punto di vista affettivo, senti la sua assenza". Interviene la madre, che cerca di spiegargli che sua figlia era molto tesa, che a scuola riusciva male, che il rapporto con il ragazzo andava a rotoli. È in quel periodo che tenta il suicidio. Ma il terapeuta ignora queste informazioni e le domanda se da piccola ha avuto un innamoramento per il papà.»

«È inverosimile. Fammi vedere.» Vieva prende il libro e scorre attentamente il resoconto. Mia moglie mi fa cenno di non esagerare. Mi rendo conto che sono infervorato, e Vieva potrebbe prendere il mio modo di parlare come una accusa a lei, alla sua professione. Lei sa che la stimo, ma non devo esasperare il tono. È ciò che mia moglie cerca di comunicarmi con lo sguardo. Annuisco.

«È vero», ammette Vieva, «il terapeuta non ascolta la paziente e neppure la madre. Ignora il trauma amoroso, parla solo del padre. Sembra un robot, non uno psicoterapeuta. Oggi, però, uno psicosessuologo non farebbe un errore simile», conclude restituendomi il libro.

«Certo. Però mi resta l'impressione che molti continuino a comportarsi nello stesso modo. La teoria prevede che siano importanti i rapporti avuti con i genitori, così tutte le altre vicende emotive vengono trascurate, se non ignorate. Solo gli artisti prendono sul serio l'amore anche nei bambini, anche negli adolescenti. Beatrice, quando Dante se ne innamora, ha nove anni. Lolita, di Nabokov, ne ha dodici. David Copperfield ha sette-otto anni, quando si innamora della piccola Emily, che ne ha cinque o sei. Voglio leggerti cosa scrive Dickens.» Mi alzo, ripongo nello scaffale il libro sull'adolescenza e prendo il romanzo. Trovo subito il passo e lo leggo ad alta voce, camminando su e giù nello studio. «... ero innamorato della piccola Emily. Sono certo che amavo quella bimba con la stessa sincerità e tenerezza, e con maggior purezza e disinteresse che non possano trovarsi nel più grande amore di un'epoca successiva della vita, per alto e nobilitante che questo sia... Dichiarai ad Emily che l'adoravo, e che se non confessava anche lei di adorarmi, mi vedevo ridotto ad uccidermi con una spada. Emily mi rispose di sì, e non ho alcun dubbio che fosse vero.»

Appoggio il romanzo sulla scrivania e vado verso la finestra. Il prato è verdissimo, le foglie stormiscono alla brezza che viene dal mare. «Il primo amore non si scorda mai, recita la tradizione», dico mentre torno a sedermi di fronte a Vieva. «Ma quale è il primo amore? Il primo innamoramento, la prima passione che proviamo nell'adolescenza, o anche un amore, una cotta, una infatuazione per un cantante, un divo del cinema o un campione sportivo? Dobbiamo considerare "primo amore" anche l'innamoramento dei bambini? Perché i bambini non amano solo i propri genitori o i fratelli. Ma, come tu ben sai, hanno forti simpatie, tenaci amicizie e vere e proprie forme di innamoramento verso i coetanei. Ti ho già raccontato di quei miei amici, sposati ormai da quarant'anni, che si sono innamorati all'asilo. Purtroppo, questo degli amori infantili, è un territorio inesplorato.»

«Non sono d'accordo. Ormai conosciamo bene la vita affettiva e sessuale del bambino.»

«Vieva, ti prego, non prenderlo come un affronto alla tua professione. Io parlo della vita amorosa al di fuori della famiglia. Sul comportamento sessuale, è vero, sappiamo tutto. La psicoanalisi ha reso il sesso scientifico, legittimo. Qualcosa che si può studiare e descrivere senza inibizioni. Sappiamo che i bambini hanno impulsi libidici orali, anali, fallici, tutti gli aspetti della sessualità pregenitale. Sappiamo che hanno l'invidia del pene e le ansie di castrazione. Melanie Klein ci ha detto che fantasmatizzano il seno buono e il seno cattivo, e la "figura combinata" dei genitori... Poi sono venute le ricerche di Kinsey, di Master e Johnson. Ma nessuno ha mai dato una risposta alla domanda che io mi sono sempre posto: i bambini si innamorano o no? Il loro innamoramento è simile a quello adulto o è totalmente diverso? E in che cosa è diverso? E quando sono respinti, ignorati, soffrono? Gli adulti ridono di loro, i compagni li prendono in giro. Ma loro non soffrono? E se, invece, sono ricambiati, se il loro amore trova una risposta, questa esperienza positiva non contribuisce a rafforzarli? A dar loro fiducia negli altri, nel mondo? Vorrei anche capire quel tipo di amore che ho osservato così spesso nelle ragazzine di dodici, tredici anni, quando sono infatuate di un divo molto più grande di loro. Anche questo amore sembra che non lasci traccia, che non significhi niente. Ma è poi vero che non significa niente? Oppure è vero il contrario? che la ragazza innamorata del divo si abitua a sognare, a desiderare, a volere un tipo di uomo molto diverso da quello che incontrerà nella vita. E intanto si abitua a fantasticare un tenore di vita così elevato che l'uomo che incontrerà non le potrà mai dare. Non è proprio questo sognare, questo fantasticare tipico dell'adolescenza la causa di quella insoddisfazione, di quella inquietudine che rileviamo in alcune donne adulte?»

«Ne hai in mente di domande», commenta Vieva sorridente, mentre si alza. «Ma troverai altrettante risposte?»

«Per trovare bisogna cercare, e questo lo sai bene. Io comincerò a cercare, ad osservare, ad ascoltare i bambini, gli adolescenti. Saranno loro i miei maestri.»

Vieva tace mentre l'accompagno alla sua auto. La saluto. Poi mi siedo, come sempre, sul dondolo davanti a casa. E resto là a guardare il grande prato, a rimuginare domande su domande. Da dove cominciare? Dall'esperienza diretta, personale, parlando coi ragazzi, raccogliendo testimonianze.[2] Non c'è altra strada.

CAPITOLO SECONDO

Amori infantili

Un caso comune

Un leone di due mesi è già un leone, ha il cervello e gli istinti di un leone, non quelli di una scimmia o di una rana. Chissà perché mi viene in mente questo detto mentre osservo nello specchio mio nipote Angelo che passa e ripassa dietro di me. Mi ha raggiunto nel bagno con la scusa di dovermi leggere un tema che ha appena finito di scrivere. L'ha letto in fretta e poi, senza chiedermi alcun parere, si è messo a parlare della partita che aveva giocato il giorno prima. Fa il portiere nella squadra locale, gli piace molto, e me ne parla, come sempre, in modo concitato.

«Come è andata?» chiedo, visto che si attarda a raccontarmi i particolari.

«Ho preso un cesto di gol.»

«Non ti credo.»

«Purtroppo è vero. Mancava Scott.»

Scott è il terzino della squadra. E da alcuni anni è il suo compagno di classe e il suo amico del cuore. Scott si chiama Andrea, ma da quando giocano nella stessa squadra si sono dati dei soprannomi mutuandoli dalla serie televisiva *Star Trek*. Mio nipote lo chiamano Spock, Andrea Scott, l'allenatore Kirk. Sembra un gioco, in realtà con quei nomi, che si sono scelti, si sentono degli eroi.

«La prossima volta vi rifarete, non prendertela, Spock.»

«Il Mister mi ha detto che, se la prossima volta prendo un solo gol, mi sbatte in panchina per il resto della stagione.»

«Ma per la prossima partita torna Scott, quindi vincerete.»

«Dobbiamo vincere anche senza Andrea.»

Intuisco che non è solo questo il motivo che l'ha indotto a seguirmi nel bagno. Lo fa da sempre, è vero, sin da quando aveva due o tre anni. Lo fa con me e anche con mia moglie. Anzi, più con mia moglie. Lei l'adora, lo preferisce a tutti gli altri nipoti. E lui lo sa. Tanto è vero che ormai, quando veniamo a trovare i miei suoceri, siamo abituati a vedercelo intorno, ovunque. In bagno, in studio, in camera da letto. È come se fosse nostro figlio. Angelo è alto, i capelli biondo scuro, gli occhi di un colore raro: sono celesti con delle pagliuzze gialle. Quando ride, come fa adesso perché gli ho messo un po' della mia schiuma da barba sulla punta del naso, è un piacere guardarlo.

«E con Marina come va?» Cambio argomento, esploro.

Marina è una ragazzina bellissima, con i capelli lunghi e neri. Frequentano la stessa scuola, ma in classi diverse. Lei, sino ad alcuni mesi fa, gli spediva le letterine con disegni e frasi, tipo ti amo, sei il mio grande amore. Lettere che lui mi mostrava di nascosto. E poi correva a nasconderle in un posto sicuro. Non voleva che sua madre le trovasse. Ricordo che l'estate scorsa le aveva regalato un cuoricino d'argento. In realtà l'avevamo scelto insieme. Era venuto con me, quando ero andato a ritirare il mio orologio. Mentre l'orologiaio me ne mostrava uno nuovo, avevo notato che Angelo aveva posato gli occhi su un cuoricino. «Quanto costa?» aveva chiesto timidamente. Avevo capito a chi voleva regalarlo e, facendo finta di nulla: «Non è niente male, lo compriamo», avevo detto.

Ricordo anche che un pomeriggio li avevo visti giocare in giardino insieme ad altri ragazzi. Marina ostentava il cuoricino d'argento. E Angelo diventava rosso quando riusciva a sfiorare una mano di quella bambina, che spostava su un lato del collo la massa di capelli neri, come fa una adolescente che sa di essere bella.

«È tutto finito.»

«E come mai?»

«A scuola ci hanno cambiato gli orari. L'ho persa di vista...»

«Ah, ah, non me la dai a bere.»

«E va bene. Anche Andrea si era innamorato di lei. Allora, per non far torto a nessuno, lei ci ha mollati. Ci sono rimasto male, non riuscivo più a dormire. Pensavo come riconquistarla, avevo voglia di vederla. L'ho cercata, per giorni. Le ho parlato, ma niente. Non ha voluto saperne. È completamente di coccio. Una sera ho incontrato anche il mio amico che gironzolava sotto la casa di Marina...»

«... e gli hai dato un pugno sul muso.»

«La voglia l'avevo. Ma poi ho visto che era più triste di me...» Scuote il capo e arriccia il labbro superiore, mentre giocherella con la lametta da barba.

«E tu cosa pensi della sua decisione?»

«Prima mi sembrava sbagliata. Ero arrabbiato, ma poi ho pensato che aveva ragione lei, che ha fatto bene, insomma.»

Non mi sarei aspettato una conclusione del genere, saggia, rispettosa dell'amico e della bambina. Noi adulti avremmo reagito nello stesso modo? Probabilmente no. Cosa vuol dire? Che i bambini sono più saggi o che le loro passioni sono meno forti, più facilmente controllabili? O che si sentono più deboli, più dipendenti dalle forze esterne e, quindi, accettano realtà che non possono modificare? Angelo ha vissuto una vicenda d'amore drammatica. Si è trovato alle prese con un evento nuovo, un problema emotivo difficile. E non aveva nessuno accanto per consolarlo, per aiutarlo a venirne a capo. Il suo amico si era identificato con lui, come avviene sempre. E aveva finito per innamorarsi della stessa ragazza. L'identificazione è un meccanismo antichissimo e l'altro, non conoscendolo, ne è rimasto intrappolato. Angelo ha così scoperto, di certo stupito e sconcertato, che c'era contraddizione fra l'amore per la bambina e per il suo amico. Affrontava così un dilemma. Il primo di tanti dilemmi che gli capiterà di trovarsi davanti in seguito. Che effetti avrà questa esperienza su di lui? Gli ha lasciato una ferita, lo ha aiutato a crescere? Sono portato a pensare che la ferita sia lieve e priva di conseguenze. I bambini devono esplorare il mondo. Corrono, quando cadono non si fanno male. Anche l'amore è una esplorazione di sé, degli altri, del rapporto con gli amici. Il loro amore è gioioso, leggero. Ma ne sono proprio sicuro? Guardo mio nipote con attenzione. È forte e fragile, sicuro e vulnerabile. Forse è solo la nostra arroganza che ci porta ad ignorare le ferite d'amore, a ridicolizzare i sentimenti dei bambini e dei ragazzi. E loro si isolano in un recinto di silenzio. Anche se sono feriti e pieni di pudore cercano di uscirne da soli, come possono.

«Ma adesso c'è Annachiara», mi sta dicendo Angelo, mentre si siede sul puf e appoggia il gomito sul ripiano del lavandino. Sa che con me può confidarsi, perché ho scritto dei libri sull'amicizia e sull'amore e lo prendo sul serio. Eppure ha tirato fuori quel nome come chi ha paura e, per superarla, lo butta là.

«Com'è?», chiedo accarezzandogli la testa.

«Da sballo.»

Ha solo dieci anni, ma si dà le arie da adulto. Ed ha ragione. Ha agito nel suo dramma meglio di un uomo maturo. Non ha rancore per l'amico perché il dolore li ha uniti. E neppure per la ragazza che, come dice lui, «ha fatto la scelta più saggia». Ed è vero. Per non distruggere la loro amicizia e la complicità sul campo di calcio, si è fatta da parte.

«L'ho conosciuta un mese fa... è venuta con i suoi al nostro maneggio. Sai, zio, con Annachiara non uso i bigliettini, uso questa.» Mi mostra una agendina elettronica che suo padre gli ha regalato. «Quando ci incontriamo io comunico con lei scrivendo: "Mi piaci, sei extra, maxi, ultrabella". Annachiara legge, cancella e poi mi risponde: "Sei superbello, ti amo, sei quello che ho sempre sognato"... e cose di questo genere. È un gioco eccitante. Io non capisco più niente, quando la vedo... sudo, ho i brividi, mi batte il cuore, arrossisco. Zio, con Annachiara mi si arrossano anche le orecchie.» Ride imbarazzato.

«Finché sono le orecchie ad arrossire... Quando avevo la tua età non riuscivo a parlare con la ragazza di cui ero innamorato. Appena mi si avvicinava, cominciavo a balbettare. E non avevo l'agendina elettronica per cavarmela, così lei scappava via.»

«No, non ci credo. Mi stai prendendo in giro come al solito.»

«Eppure è vero, urca s'è vero. Ma lasciamo stare. Dimmi piuttosto cosa le hai regalato.»

«Dei cioccolatini. E lei mi ha regalato un lapis elettrico. Me l'ha dato ieri sera. Forse per consolarmi della sconfitta.»

«È piena di tatto, questa Annachiara. Me la fai conoscere uno di questi giorni?»

«Oggi viene qui. Vuole imparare a cavalcare come suo padre. Per ora va sul pony.»

«Benissimo, è l'occasione buona per parlarle. Monto anch'io su un pony, che dici?»

«Zio, ti prego, non dirle niente di noi.»

«E perché mai? Hai paura che sparli di te?»

«No, non lo faresti» fa strusciando una guancia contro il mio braccio. «Ma lei... non so... potrebbe spaventarsi. Promettimi...»

«Di', cosa sono queste raccomandazioni? Ho mai rivelato un tuo segreto?»

«Scusami, zio. Sono agitato...»

«Capisco. Sarò muto come un pesce.»

«No, non volevo dire questo. Parlale, così poi...»

«... ti dico cosa penso di lei. Cercherò di cavarmela. Promesso.»

Tutti i gesti di Angelo mimano quelli di una persona adulta. Mimano soltanto? O semplicemente prendono a prestito gesti, parole per esprimere un suo mondo altrettanto autentico e soltanto diverso. Ma fino a che punto diverso? C'è veramente un abisso fra l'amore infantile e quello adulto? Fra l'amicizia infantile e quella adulta? Mi viene in mente mia moglie che, quando vede un bambino indaffarato nei suoi giochi mi domanda: «Chissà cosa pensa quel bambino, adesso?». La sua domanda resta sospesa nel vuoto. Lei ride di sé, eppure non può fare a meno di ripetersela, ogni volta. Ed ogni volta io sono portato a risponderle: «Fa quello che facciamo tu ed io quando costruiamo un libro, un programma televisivo. Costruiamo un mondo fantastico e cerchiamo di calarlo, in qualche modo, nella realtà. Quel bambino è già un essere umano tutt'intero, come un leone di due mesi è un leone. Certo, imparerà molte cose, il suo comportamento cambierà, ma non diventerà mai quello di una scimmia o di una rana».

«Sono pronto, campione. Accompagnami al maneggio. Tua zia deve essere là. E magari è salita su quel baio un po' irrequieto.»

«No, lei su quello non ci monta più. Ti ricordi quando è salita la prima volta come gridava: "Fammi scendere!". E mio padre rideva. Le aveva fatto uno scherzo. Lui sapeva benissimo che il baio è inquieto.»

«Tuo padre è un birichino, si diverte a stuzzicare sua sorella.»

«Ma anche la zia non è niente male quando ci si mette. Mio padre dice che si fanno degli scherzi da sempre.»

Andando verso il maneggio costeggiamo un vigneto, poi un campo di grano quasi maturo. Le cicale cantano e una leggera brezza muove le spighe di grano dalle pughe nere. Siamo al ristorante che si affaccia su un laghetto, sui bordi del quale siedono dei pescatori con la loro lenza e un cappello calato sulla fronte. È tarda mattina e il sole comincia ad essere cocente. Sotto il porticato del ristorante alcune donne chiacchierano, sedute attorno ad un tavolo.

Angelo si accorge che sono attratto anch'io dall'ombra del porticato, perciò mi previene. «Andiamo al maneggio, sotto il grande fico, che a te piace tanto. Anche lì ci sono delle sedie. Ce le ho messe io.»

«Ho capito, ci piazziamo in una postazione adatta per vedere Annachiara quando arriva.»

«Ma anche la zia. Vediamo se ha il coraggio di montare almeno un pony.»

«E tu come fai ad essere certo che mia moglie è andata alle stalle?»

«L'ho vista uscire con Lisa. Sono sicuro... andavano là. Lisa aspetta le sue amichette. Sapessi che tipini. Ora vogliono imparare anche a cavalcare.»

«Non ti piacciono proprio le amiche della tua cuginetta.»

«Io non le filo. Ma anche a lei non vanno poi tanto a genio.»

Vedo mia moglie che tiene per le briglie un pony, su cui monta una ragazzina, dietro un altro pony montato da due altre ragazze. Hanno tutte un fare incerto, qualcuna impaurito.

«Sono quelle le amiche di Lisa?» chiedo ad Angelo.

«Sì, vedrai che sbuca anche lei tra un po'.»

E infatti Lisa esce dalle stalle correndo, raggiunge mia moglie e si mette al passo con lei. Parlano. Passano costeggiando il fosso che separa la strada dall'orto, dove Angelo ed io stiamo comodamente sdraiati sulle poltroncine di vimini. L'aria è pregna dell'odore della chioma fronzuta del fico. Mia moglie mi sorride passando, poi si gira e mi strizza l'occhio. È proprio bella, mi dico. Vestita di bianco, mi sembra ancora più esile. Un grande cappello di paglia le ripara il viso dal sole. «Vuoi i miei occhiali scuri?», le grido. Lei mi fa cenno di no con la mano. Lisa con le sue trecce bionde e un berrettino rosso le cammina a fianco. Le ragazze, che montano i pony, dopo poco le distanziano.

«Perché la zia non viene qui lungo il fossato con noi?», mi chiede Angelo. «Questo sole non le fa bene.»

Lo sa anche lei, ma va con Lisa per ascoltare, per indagare. Da quando ho iniziato la mia ricerca si è trasformata in una investigatrice. E non le costa fatica. Con lei i ragazzi parlano volentieri, le raccontano le cose più strane. «Perché io so ascoltare», mi dice, «riesco a creare una sorta di complicità. L'ho sempre fatto, per gioco.» Già, per gioco. Lei rende tutto facile. Forse perché affronta la vita con la stessa semplicità di una bambina, o con la determinazione di un'atleta. Lei non ha vie di mezzo. Anche per questo adora Angelo, il piccolo campione. Questo Angelo che parla, ma non ascolta. I suoi occhi sono fissi sulla strada bianca che viene verso il maneggio. Intanto dalle stalle esce un pony guidato da un ragazzo più o meno della stessa età di Angelo. Sul pony una ragazzina press'a poco della stessa età. Ha i capelli lunghi, castani, e traballa al passo oscillante del piccolo cavallo. Il ragazzo tiene in una mano le briglie del pony e con l'altra stringe un braccio della ragazza. Vanno a passo d'uomo. Passandoci davanti, lui fa un cenno di saluto a mio nipote.

Si sono allontanati di poco, quando Angelo mi sussurra: «Lei si chiama Elena e lui Massimiliano. Visto come se la coccola?».

«Sì, sembrano molto affiatati» faccio io con aria distratta.

«Più che affiatati.»

Un amore dopo l'altro

È un pomeriggio di giugno. Vieva, mia moglie ed io sediamo sul piazzale antistante la nostra casa toscana. Ci siamo riuniti per parlare della mia ricerca. Vieva partecipa con entusiasmo. Siamo d'accordo che ciascuno racconterà un caso che è riuscito a trovare. Comincio parlando del mio colloquio con Angelo, della sua vicenda e della sua capacità di affrontarla.

«Non compiere l'errore di pensare che tutti i bambini siano più o meno uguali», commenta Vieva quando ho finito il mio racconto. «Nel campo dei sentimenti amorosi e della passionalità presentano delle differenze enormi. Differenze paragonabili a quelle che troviamo nell'altezza, nel peso, nella forza muscolare. Nell'intelligenza, nella creatività artistica.»

Beve un sorso di succo di frutta e poi riprende, guardando una coppia di merli che saltellano sul prato: «Certo, alcuni hanno una straordinaria ricchezza emotiva. Si innamorano appassionatamente e si impegnano fino in fondo nell'amicizia. Altri sentono gli impulsi, i desideri, ma si frenano e stabiliscono relazioni superficiali. E ci sono altri che non si innamorano e non hanno nemmeno l'amico del cuore. Sono assorbiti da altre cose, si occupano solo della scuola, del gioco... dello sport».

«Come gli adulti», faccio io. Lei mi guarda pensierosa. «Anche gli adulti sono molto diversi fra loro. Alcuni sono degli amanti appassionati, altri sono dei pesci lessi. Alcuni hanno dei grandi amori che durano, altri continuano a passare dall'uno all'altro. Forse queste differenze si manifestano già nell'infanzia, perché sono di origine genetica. Oppure hanno qualche altro motivo.»

«Allora ti interesserà il caso di una bambina che si innamora continuamente, però mai in modo duraturo.»

«Mi interessa, Vieva. Mi interessa molto.»

«Si chiama Debora. I suoi genitori non sono italiani anche se vivono da tempo a Roma. Hanno una concezione molto rigida della educazione. Infatti la controllano moltissimo, sono diffidenti verso i suoi compagni, le proibiscono quasi tutto. Eppure, Debora non è una bambina inibita. Parlando dei suoi innamoramenti, sorride di sé, e mi dice con grande chiarezza che non ha mai avuto il coraggio di fidanzarsi,. di legarsi stabilmente, o di lasciarsi andare. Mi confida che si è innamorata spesso, ma non ha mai ceduto per paura di perdere il suo amore. Per timore che la storia potesse finire.»

«Tu credi che abbia paura di non essere ricambiata?», le domando.

«No. Mi dice che teme che il rapporto non sia solido, serio, duraturo. I suoi le hanno spiegato che l'amore è una cosa impegnativa, e che deve essere molto prudente.»

«Però, lei s'innamora spesso.»

«È vero. Si è innamorata la prima volta, a tre anni, di Robert. Dice che è stato "un colpo di fulmine", che era innamorata pazza, perché lui era divertente e simpatico. Anche Robert era innamorato di lei. Stavano sempre insieme, andavano al mare a giocare. Quando lui non c'era, Debora immaginava che fosse presente. Un giorno la mamma l'ha vista parlare da sola e gesticolare. Le ha chiesto con chi stava parlando. E la bambina, con naturalezza, le ha risposto: "Con Robert. Io, quando lui non c'è, gli parlo come se fosse lì. Litighiamo, facciamo la pace". Io l'ascolto, e non mi meraviglio. Alla sua età i bambini vivono in un mondo fantastico.»

«Poi vanno in un altro quartiere di Roma», continua Vieva, «e Debora si innamora di Rudy. Hanno tutti e due quattro anni. Anche questa è una attrazione improvvisa. Lei la definisce ancora una volta "un colpo di fulmine". Dice che era simpatico, divertente, carino, con occhi azzurri e capelli biondi. Lui le chiede di fidanzarsi, ma Debora non accetta. "Gli ho detto di no, per paura che, poi, lui mi lasci". E mentre mi parla, a questo punto, emette un sospiro, come se si fosse tolta un peso dal cuore. Sapessi quanta tenerezza mi ha fatto.»

Gli occhi le brillano. Io le sorrido complice. «Ma andiamo avanti», fa Vieva scuotendosi. «Debora a sei anni si innamora una terza volta. Il bambino si chiama

Ludovico. Poi, a nove anni, incontra un ragazzo alto, Sergio, che di anni ne ha tredici, quindi molto più vecchio di lei, e se ne innamora "pazzamente, subito e tantissimo", sono parole sue. Questo amore dura un anno. È un amore non ricambiato, ma lei è contenta lo stesso. A dieci anni, durante le feste di Pasqua, ha un altro colpo di fulmine per Marco, che è bello, bruno e con gli occhi neri. Lui le chiede di fidanzarsi, ma Debora risponde sempre di no. Questa volta il suo amore per Marco dura sei mesi. Durante l'estate è la volta di un ragazzo di undici anni, coi capelli castani. In seguito viene Lucio che ha dodici anni. Anche con lui non si impegna.»

«Come spiegate questi amori così frequenti, così intensi e, nello stesso tempo, così fragili?», chiede mia moglie.

Le risponde Vieva: «Debora ha interiorizzato le proibizioni dei genitori. Queste la portano a non abbandonarsi, a non impegnarsi. Allora, il suo desiderio si fa strada attraverso cotte improvvise, violenti colpi di fulmine, che superano le barriere della censura. Ma, poi, queste si rifanno vive e impediscono che si creino legami stabili, profondi, duraturi. Debora è provvista di un forte autocontrollo. Quando incontra i ragazzi di cui è innamorata, non arrossisce, non le manca il respiro. E non soffre nemmeno quando lui non la ricambia. Le piace sentirsi innamorata. Gode della sua esperienza interiore, dell'eccitamento amoroso, non del risultato».

«Però», osservo io, «razionalizza il suo comportamento dicendo che teme di non essere riamata, che non si tratti di vero amore. I suoi genitori le hanno spiegato che l'amore è una cosa serissima e impegnativa. E lei usa questa idea proprio per impedire che il suo amore diventi una cosa troppo impegnativa. Si innamora continuamente e accusa gli altri di essere volùbili.»

Vieva è un po' turbata dalla mia affermazione. «Non essere severo. L'innamoramento infantile nasce puro e spontaneo. Debora è dolce, vibrante, sensibilissima.»

«Non volevo essere severo. Anzi, credo che sia una bambina deliziosa e senza malizia. Il suo è un meccanismo di difesa inconscio. Non so nemmeno se Debora continuerà ad essere così da adulta. Probabilmente no. Lei ha dei forti impulsi che si scontrano con le proibizioni altrettanto forti dei genitori. Dalla lotta di queste due potenze scaturisce un succedersi di amori brevi e superficiali. Questo può continuare per molto tempo. Ma può anche avvenire che, nell'adolescenza o più tardi, i suoi impulsi prevalgano ed esploda un grande amore con cui spezza i vincoli che, in questi anni, la tengono legata e allora potrà realizzare il progetto di un amore che duri nel tempo. Per ora mi basta constatare che i bambini hanno comportamenti e razionalizzazioni che noi pensiamo siano tipici degli adulti.»

«C'è poi un'altra cosa che mi sembra importante, e che la differenzia dagli adulti. Debora è contenta anche quando non è ricambiata, le piace sentirsi innamorata. Il piacere di amare, la sua gioia di amare senza chiedere nulla in cambio, per me è un grande insegnamento.»

«Lo so, Vieva, che tu ami, ammiri i bambini. Ammiri in loro la freschezza e l'innocenza. Li rispetti profondamente e fai bene. Comunque, la tendenza normale è quella di voler essere ricambiati. Anche questa capacità di gioire del proprio amore non ricambiato, potrebbe essere un meccanismo di difesa dal timore della frustrazione. Lo usano le ragazzine infatuate per un divo del cinema, della canzone o dello sport. Ne tengono in camera i poster, lo sognano, lo amano anche se sanno che non potranno essere riamate. Ma, proprio perché sanno di non poter essere ricambiate, non rischiano niente. Vivono di fantasie. Si sentono arricchite dal loro stesso eccitamento, dalla loro stessa capacità di amare.»

Vieva annuisce pensierosa. Poi, come per distrarmi, chiede a mia moglie: «Rosa, tu che sei una narratrice, cosa pensi di due folli come noi, che si arrovellano e si scontrano su un dettaglio? Questi problemi stuzzicano la tua fantasia o la inibiscono?».

Rosa ride. «Che strana idea avete dei narratori. Credete che siano dei cow-boys che saltano in sella ad un cavallo, lo lanciano al galoppo e poi mollano le briglie. Il narratore è un commediante, un affabulatore. Io, osservando una persona, piccola o grande che sia, mi metto nei suoi panni e cerco di rappresentare i suoi sentimenti con parole e con gesti. Qual è il gesto appropriato a ciascun sentimento? Qui si arrovella il narratore. Quale è la forma appropriata per rappresentare un evento? Questo è un altro rompicapo del narratore. Come vedi, ciascuno ha i suoi crucci, Vieva. Comunque, tornando al tema del nostro incontro, io osservo che nel mondo dei bambini accade di tutto. Anch'io ho trovato dei casi interessanti, se volete...»

«Dopo, dopo, cara. Adesso voglio raccontarvi un caso che mi ha colpito molto. Non sono un narratore, perciò non interrompetemi. Io ve lo racconto come so, e dopo potete farmi tutte le domande che volete. Userò, il più possibile, le stesse parole del bambino.»

Amore completo

«Quello di cui vi parlo è un maschietto di dieci anni che ho conosciuto dai miei nipoti. Si chiama Massimiliano e frequenta la quinta elementare. Gli ho chiesto se si era mai innamorato. E lui si è illuminato in volto. "Sì", mi ha detto subito. "È successo quando ero nella colonia marina. Ho conosciuto Elena e sono rimasto folgorato. Un vero colpo di fulmine." Insomma gli è piaciuta "subito e tantissimo". Fin dall'inizio si sente emozionato, suda, gli batte forte il cuore. Allora, d'impulso prende la bicicletta e corre al bar e alla cartoleria più vicini, per comperarle, nel primo dei cioccolatini e, nell'altro, dei fiori di stoffa. Poi, come un fulmine, si precipita a casa, prende il profumo di sua madre e lo spruzza sui fiori. Riparte come un razzo e arriva in tempo per consegnarli alla bimba che "salta dalla gioia, per la felicità". È uno schema di corteggiamento completo. Il giorno seguente Elena regala a Massimiliano un anello "tutto d'oro", dicendogli di non levarselo mai. Massimiliano felicissimo, emozionatissimo e "tutto rosso" le risponde che non metterà l'anello al dito per timore di perderlo. Ma anche perché teme che i suoi genitori glielo prendano. Le promette che lo nasconderà in un posto sicuro e segreto. Sentito questo, Elena si fa avanti e gli chiede se vuol diventare il "suo fidanzato". Massimiliano ha un tuffo al cuore e, per la forte emozione, non riesce a spiccicare una parola. "Resto zitto per cinque minuti, poi le dico di sì. Ma tremavo." A quel ricordo la voce di Massimiliano trema ancora mentre racconta. Infatti si ferma, io taccio, non lo guardo, fingo di non essermi accorto dell'emozione che gli fa vibrare la voce. Poi riprende. La bimba, dopo il suo sì, gli dice che devono fare il patto che non si lasceranno mai. Non si tratta quindi solo di uno scambio di doni, ma di un vero e proprio patto di fedeltà e di continuità. In seguito vanno a farsi una fotografia insieme, un altro modo per "potersi vedere insieme anche quando sono lontani". Alla fine dell'estate Massimiliano decide di dimostrare a Elena il suo amore. L'accompagna nel suo "posto segreto, quello che non conosce nessuno". È una casetta in campagna che ha scoperto. Entrati si baciano. Sono emozionati. "Ci siamo guardati e i nostri corpi si sono avvicinati", mi dice ancora stupito della scoperta fatta. "Il cuore batteva tanto forte che si sentiva anche quello dell'altro." Massimiliano aveva la pelle d'oca perché sentiva che Elena si emozionava ancora di più. I corpi erano stretti e lui le dava i baci sulla bocca. Si sentono felici come "non ci era mai accaduto prima", ribadisce Massimiliano. Dopo quel giorno si sono incontrati tante volte a giocare e a darsi i baci.»

L'attaccamento dei due bambini è davvero intenso. Quando si devono lasciare alla fine delle vacanze il rapporto non si spezza. Lui dice ai suoi genitori che è innamorato. Loro lo capiscono e lo portano spesso a trovare la bambina che sta in una città vicina. Loro due si scrivono delle lettere: ti amo, ti voglio bene, non ci lasceremo mai e si mandano dei disegni. Si telefonano spesso e, qualche volta, Massimiliano telefona quando non ci sono il padre e la madre, perché «non vuol svelare tutti i suoi segreti ai genitori». Massimiliano ha anche degli amici, ma non parla di Elena perché vuol proteggerla: «Lei è la cosa migliore di tutto l'universo». Ora fanno progetti per i regali che vogliono scambiarsi a Natale e, cosa ancora più importante, per la propria vita futura insieme. A Elena piace che Massimiliano faccia il motocross e diventi istruttore di surf. Però lui vuol anche studiare e diventare architetto. A lei, invece, piace fare la cuoca e pensa di aprire un ristorante. Lui le ha detto che, quando sarà architetto, l'aiuterà a farlo bellissimo. Hanno elaborato un vero e proprio progetto di vita, in cui ciascuno esprime se stesso e la sua specificità, ma che realizzeranno insieme, aiutandosi a vicenda. Massimiliano dice di non essere geloso. Certo andrebbe «fuori dai gangheri» se Elena si mettesse anche con un altro, ma è sicuro che lei non lo farà, perché gli vuol bene e perché è fedele al patto che hanno fatto insieme.

«Come vedi, Vieva, oltre al *patto di fedeltà*, Massimiliano ed Elena stabiliscono anche quello che chiamo il *patto di continuità* nel tempo ed hanno elaborato un vero e proprio *progetto* per una futura vita in comune. Confesso che quel bambino mi ha molto colpito. I suoi gesti, le sue forme di corteggiamento, le sue preoccupazioni sono infantili. Ma la struttura del rapporto, l'innamoramento appassionato, la violenta emozione e, poi, la serietà del patto, del progetto sono perfettamente identici a quelli di un adulto innamorato. Anzi, spesso gli adulti sono molto più incerti, confusi, ambigui, ipocriti. È chiaro che questo tipo di amore fra i due bambini è possibile perché i loro genitori hanno preso sul serio il loro innamoramento infantile. Ma non sono i genitori che li hanno guidati, pilotati. Gli hanno solo permesso di sviluppare la loro relazione amorosa. Fanno in modo che si possano incontrare, visto che abitano in città diverse. Il resto lo hanno fatto da soli. Perché la capacità di innamorarsi è una proprietà dell'essere umano. Il corteggiamento scaturisce dalla nostra eredità animale. E infine l'impegno, il patto di reciprocità, di fedeltà, di continuità e il progetto sono processi mentali che il bambino compie molto precocemente.»

«Un leone di due mesi è già un leone, non agirà mai come una scimmia o una rana», commenta mia moglie.

Vieva ride.

«Ormai ti sei convinto che quasi tutto quello che si trova nell'adulto lo si trova anche nel bambino e viceversa. Vieva è più prudente, ed io la capisco. La psicologia e la pedagogia moderna rifiutano categoricamente l'idea che il bambino sia un adulto in miniatura. Ma, forse, quando avrai precisato meglio il tuo punto di vista con casi e dati, Vieva ti seguirà su questa strada. Ora il percorso le appare un tantino eretico.»

«Il mio amico Willy Pasini dice che sono un apripista nel campo dei sentimenti. Vieva, tu mi vedi come un eretico? Io sono convinto che la mia osservazione sia semplice. I bambini appartengono alla specie *Ho-*

mo sapiens, ed alcune proprietà fondamentali della mente devono essere le stesse. Tutti gli esseri umani riescono a parlare, ad imparare una lingua. Tutti gli esseri umani sono capaci di pensiero astratto, riescono a fare alcune operazioni matematiche. Per lo stesso motivo ho sempre pensato che tutti gli esseri umani siano capaci di innamorarsi. La ricerca che stiamo facendo mi dimostra che sono sulla strada giusta. Anche i bambini si innamorano. E allora non c'è nulla di strano, nulla di eretico se avanzo l'ipotesi che utilizzino le categorie mentali tipiche dell'innamoramento. Come il patto, il progetto. Inoltre è logico che alcuni di loro si innamorino più facilmente, più intensamente, ed altri si innamorino meno, o addirittura mai. Certo, queste differenze saranno spiegabili con il tipo di esperienze avute, con cause psicologiche. Ma per ora è importante stabilire se ci sono. Perciò rileggiamo tutti i casi, e scegliamo quelli in cui i bambini hanno difficoltà ad innamorarsi.»

Chi non si innamora

«Ne ho uno che ti interessa, ne sono certa», dice mia moglie. «Si tratta di una ragazza, Myriam, ha dieci anni e non si è mai innamorata. Però, ha tenuto a precisarmi, ha avuto molte amiche. Nessun amico maschio. La prima amica è stata Loredana. L'ha conosciuta al parco giochi quando aveva quattro anni e mezzo. Si vedevano spesso, andavano in bicicletta, giocavano, insieme ad altri amici. Loredana le piaceva, le era simpatica, di lei si fidava. In sostanza era una vera amica, una amica del cuore. Però quando lascia la scuola materna e va in prima elementare, conosce Marina. Dice che Marina era un po' "manesca" e, salutandola, le dava delle pacche sulle spalle così forti che la spostavano. Avevano inventato un gioco che si chiama "il monello". Questa amicizia è durata quattro anni, ed è finita perché Marina ad un certo punto l'ha "scaricata" ed ha cominciato a frequentare più assiduamente Laura. Allora lei ha trovato un'altra amica, Rosalba, con cui ha inventato la banda dell'Astronomia pazza. In estate, la notte, guardano le stelle e discutono sui pianeti, sul cielo.»

«Non si è mai innamorata di un maschio?»

«No, caro, mai. Il rapporto con Marina l'assorbiva completamente. Anche l'espressione che usa, "scaricata", sembra più adatta ad un amore che ad una amicizia. Tieni presente che Myriam vorrebbe essere un maschio. Non si riconosce nelle "femmine tutte gonne e fiocchi". Non è da sottovalutare la presenza della sorellina piccola che, invece, è spesso vestita come una bambola. Ciò che le interessa di più in questo momento è divertirsi, giocare, stare bene, fare sport. Per questo non vorrebbe crescere. Quando pensa al futuro, immagina un marito aperto e divertente come il suo papà. È molto creativa, e mette in atto le sue capacità riuscendo a coinvolgere le amiche in ciò che le piace: l'astronomia, l'archeologia. Però è gelosa di loro, quando non è lei al centro dell'attenzione.»

«Mi sembra che il problema di Myriam riguardi la sua identità sessuale» osservo io, guardando Vieva. «O forse è soltanto troppo legata al padre.»

«Entrambe le cose», fa Vieva. «L'identità sessuale e l'identificazione con il padre sono legate. Ho comunque l'impressione che la bambina sia piena di vita e coraggiosa. Invece nel caso che adesso vi racconto, c'è più paura del mondo, più angoscia. Si chiama Sara ed ha dodici anni. Anche lei ha un'amica del cuore, Marta, che frequenta da quando aveva sei anni. Si sono conosciute, hanno provato subito simpatia l'una per l'altra e, da quel giorno, si sono frequentate anche di pomeriggio. Sono diventate "amiche-amiche"... Parlano, giocano, stanno bene insieme. Si fidano l'una dell'altra e hanno gusti simili. In seguito Sara conosce Brigitte e incomincia a stare con lei. È sul punto di farne una amica del cuore, quando Marta le dice che deve fare una scelta. O lei o l'altra. Sara vorrebbe considerarle entrambe amiche. Soffre, si ribella. Niente. Marta è irremovibile. Così sceglie lei. Ma è addolorata, piange e chiede conforto alla mamma. Come vedi anche qui, come nel caso precedente, troviamo il tradimento e la gelosia. Però il gioco l'ha condotto Marta, Sara l'ha subìto.

«Ti starai chiedendo perché Sara non si è mai innamorata. Lei stessa mi ha dato la spiegazione: ha paura di frequentare i ragazzi perché "pensa troppo a certe cose che ha sentito in televisione. La droga, le violenze sessuali, e altre brutte cose". I maschietti li considera come compagni, amici, ma non si fida. Inoltre, ha paura che i suoi genitori si separino, anche se non ce n'è motivo. I suoi genitori si amano. Però, lei si giustifica dicendo che ha visto soffrire molte sue amiche, che hanno i genitori separati. E pensa che, se dovesse succedere a lei, avrebbe davvero una brutta esperienza.

Non sa come potrebbe reagire. Però non ha dubbi sulla sua identità sessuale. Vorrebbe essere come Claudia Schiffer e Valeria Mazza. Purtroppo, certe volte, quando si guarda allo specchio, si vede brutta. Quando pensa alla sessualità, si chiede come dovrà agire da grande e quale sarà il momento giusto per fare l'amore. A volte ha degli incubi. Sogna persone che la violentano e la terrorizzano. Ha paura di crescere, di andare incontro alla vita. Non sa cosa le succederà, non si sente forte, non ha coraggio, ha bisogno d'aiuto, ha bisogno di essere confortata. Non parla con nessuno delle sue cose. Le scrive nel suo diario dove annota tutto, ma principalmente emozioni, sensazioni, paure, dolori.»

«Secondo me, Myriam non si innamora perché rifiuta la sua femminilità», interviene mia moglie, «mentre Sara non si innamora perché è fragile, angosciata. Infatti quando Marta le ha imposto di scegliere, ha rotto il rapporto di fiducia su cui si basa l'amicizia. Così lei è rimasta più sola. Marta non sa che l'amicizia è un sentimento morale, non sa che non si può imporre. Chissà se lo imparerà col tempo?»

«Ci possono essere delle altre ragioni per non lasciarsi andare all'innamoramento» continuo io, «come nel caso di Claudio, che ha undici anni e non si è mai innamorato perché pensa di essere brutto ed è convinto che nessuna ragazza lo voglia. Effettivamente è grasso, obeso, come capita talvolta ai bambini di questa età. Però è intelligentissimo e capace di grande umorismo. A nove anni è stato attratto da Lucia, una bambina che piaceva a tutta la classe. Lei però si considerava superiore, non lo guardava nemmeno e così lui l'ha lasciata perdere. Ha incominciato ad innamorarsi ma, sapendo di essere respinto, ha fatto subito marcia indietro. Insomma un vero e proprio *innamoramento abortito*.»[3]

«E, per concludere questa tipologia di bambini» riprende Vieva, «vi racconto la storia di Serena che ha dieci anni. La sua vicenda mi sembra interessante perché non si è mai innamorata finché è stata assorbita da un'amica del cuore, Valeria. Stava sempre con lei, condividevano tutto. Quando Valeria se ne va ad abitare in un'altra città, Serena rimane sola e triste. Però dopo un po' di tempo, andando ad un corso di judo, conosce un ragazzo della sua età. È un colpo di fulmine. Si ritrovano in palestra a fare sport insieme, parlano dei film che vedono, ridono, scherzano. Serena vorrebbe chiedergli di fidanzarsi, ma non ha il coraggio di farlo. Teme che lui le risponda di no. Quando era più piccola e sentiva i compagni che parlavano di innamoramento, lei considerava "smancerie", cose stupide quello che dicevano. Ora, invece, è contenta di essere innamorata, "non si preoccupa". Quando la sera va a letto o quando è libera, la domenica, pensa spesso a lui.

«Serena aggiunge che, "purtroppo", pensa anche al sesso, perché vorrebbe essere un maschio, non le piace essere femmina. Non le piace come vestono le sue compagne, che "sono sul rosa e con i fiocchi da tutte le parti". Lei preferisce un abbigliamento maschile. Il suo seno sta crescendo e, per questo, è molto "allarmata". Ha detto alla mamma che non lo vuole. Serena riversa il suo affetto sugli animali. Ha due cani e una gatta, che sta per partorire. Li cura, li accudisce, gli prepara da mangiare, ci gioca, "gli vuole bene". Da grande vorrebbe vivere da sola, abitare in campagna con tantissimi animali. Ha paura di trovare un marito che non ami gli animali. Teme che in sua assenza possa trattarli male.»

Mia moglie interviene sorridendo. «Vieva, non preoccuparti per la piccola Serena. Ha tutto il tempo per cambiare. Se un giorno si innamorerà davvero di un ragazzo e sarà ricambiata, smetterà di progettare il suo futuro insieme agli animali. Ed ora che ne dici di una passeggiata in giardino? Lasciamo mio marito alle sue riflessioni. Senti che profumo di pitosforo in fiore c'è nell'aria?»

Innamoramenti e cotte

Mia moglie mi conosce molto bene. A questo punto ho bisogno di stare solo, di riflettere.

I bambini usano l'espressione «mi sono innamorato» e «colpo di fulmine» per indicare una attrazione improvvisa, il forte desiderio di un'altra persona. È così che l'innamoramento si differenzia dall'amicizia. L'amicizia si forma a poco a poco, si costruisce su basi sicure, è fondata sulla fiducia. Invece, l'innamoramento è, fin dall'inizio, fin da questa sua forma infantile, una attrazione estetica, una preferenza immediata. E non sai se sarà ricambiato. Fino ad un istante prima quella persona non la conoscevamo o, se l'avevamo vista, nulla di lei ci aveva attratti. Poi ci colpisce qualcosa di particolare: un suo gesto, una risata, una parola, uno sguardo che ce la rende simpatica, attraente, desiderabile. Qualcosa di inspiegabile e imprevisto. E il desiderio può durare anche a lungo nel tempo. Quando siamo lontani torniamo a pensare a lei, abbiamo voglia di rivederla. Questo desiderio diventa ossessivo. Talvolta, da quell'incontro può nascere un innamoramento profondo, che ci sconvolge il cuore e la mente, e ci porta a progettare la nostra vita con lei.

Il bambino molto piccolo, di tre, quattro, cinque anni, non sa che da questa improvvisa esperienza di piacere, di simpatia, di desiderio possono talvolta nascere forme di attaccamento più intenso, passioni fortissime e durature. Innamoramenti che lasciano un segno indelebile. Egli vive il desiderio presente, che può essere intensissimo, ma, poi, può svanire di colpo se quella persona lascia il suo ambiente. David Copperfield a sette, otto anni si era innamorato della piccola Emily che ne aveva cinque o sei, e racconta: «Avevamo l'abitudine di passeggiare per quella cupa e vecchia piana di Yarmouth in modo amoroso per ore. Le giornate ci sfioravano trastullandoci, come se il Tempo non fosse neanch'esso ancora cresciuto, ma fosse tuttora un bimbo e sempre in gioco... Quanto a qualsiasi senso di ineguaglianza o di giovinezza o d'altra difficoltà sul nostro cammino, la piccola Emily ed io non avevamo di questi fastidi, giacché non avevamo futuro».

Eppure, ripensando ai casi esaminati, già a nove, dieci anni il bambino impara a distinguere fra una cotta momentanea e una passione duratura. Fra un desiderio frenetico e labile e un affetto radicato e persistente. La sua personalità è più strutturata, più capace di immaginare il futuro, di fare progetti. E allora anche l'innamoramento infantile si modifica, diventa coinvolgente, impegnativo, genera un embrionale progetto di vita. Ce lo dimostra il caso di Massimiliano. L'innamoramento, per lui, non è solo una preferenza, una simpatia erotica, il piacere di stare insieme, come avviene nella prima infanzia. Diventa uno scuotimento dell'animo, un patto, un impegno, un progetto. In questo modo mostra la natura rivoluzionaria che assumerà in seguito, quando vi si aggiungerà il desiderio sessuale e una possibilità reale di autonomia dai genitori.

Io ho definito l'innamoramento lo stato nascente di un movimento collettivo a due. Ciò che caratterizza il vero innamoramento, quello che lo distingue da una fugace cotta, da una infatuazione o dall'amicizia, è proprio lo stato nascente. Un processo in cui il soggetto sperimenta una vera e propria morte-rinascita, un rinnovamento del mondo, l'inizio di una nuova vita. Egli ripercorre il proprio passato, ne fa un bilancio. Ma vuole anche sapere tutto della persona amata, vuol vedere il mondo come l'ha visto lei quando non erano ancora insieme. Nello stato nascente tutti i vecchi legami perdono di importanza e si impone, luminoso, il nuovo oggetto d'amore con cui egli desidera fondersi fisicamente e psichicamente.

Esiste questa esperienza nel bambino? Finché non ho visto il caso di Massimiliano ed Elena avrei detto di no. Il bambino dipende troppo dai genitori per potersene distaccare. Per poter costruire il proprio mondo attorno ad un nuovo oggetto d'amore. Ma è proprio questo che avviene, almeno in forma embrionale, in questi due bambini. Lui corre come un pazzo a comperare i fiori e a spruzzarli di profumo. Poi, emozionatissimi, fanno il patto di essere fedeli e di non lasciarsi mai. Si fotografano per «vedersi insieme anche quando sono lontani». Infine, lui la porta nel «posto segreto», che è il simbolo della sua anima. Allora si abbracciano e si baciano tremanti: è la fusione psichica e fisica. La persona amata non è soltanto qualcuno che ti piace molto, come avviene nelle infatuazioni. Ma è «la migliore di tutto l'universo», come dice Massimiliano, ha le proprietà dell'assoluto. Per questo è un legame forte, che resiste al tempo. Per questo essi intuiscono che devono proteggere il proprio amore dalle influenze dei genitori, degli amici. Ci troviamo, perciò, di fronte ad un vero processo di stato nascente, anche se espresso in un linguaggio infantile e in forma simbolica.

Vi sono però enormi differenze fra soggetto e soggetto. Alcuni si innamorano appassionatamente come Massimiliano ed Elena, altri non si innamorano mai come Myriam. O sperimentano un continuo succedersi di cotte come Debora. Ma non avviene lo stesso fra gli adulti? C'è gente appassionata, ardente e ci sono persone fredde che si controllano, che non si impegnano. Anche molti adolescenti, in realtà, non sono profondamente innamorati. Molti ti dicono che si innamorano continuamente, che hanno continuamente colpi di fulmine. Le ragazze usano le parole enfatiche del grande amore, della passione: lo amo, lo amo, sono pazza di lui per indicare che si sentono attratte, affascinate, che desiderano intensamente e con urgenza. Ma, dopo poche settimane, tutto sparisce. È più stabile l'amore dei bambini.

I sacri testi della psicologia direbbero che costoro

hanno un rapporto oggettuale immaturo. Che conservano tratti regressivi, infantili. Ma è sbagliato. L'idea che l'adulto incerto, instabile sia immaturo, infantile, è un nostro pregiudizio. I bambini, gli adolescenti e gli adulti fanno esplorazioni, hanno cotte che svaniscono subito. I bambini, gli adolescenti e gli adulti sono capaci di affetti solidi. L'adolescente che non si innamora non è un bambino non cresciuto. L'adulto capriccioso o freddo, non è un adolescente non cresciuto. Ogni epoca della vita ha le sue amicizie ed i suoi amori, con fasi immature e fasi mature, fasi di instabilità e fasi di stabilità, fasi di semina e fasi di raccolta.

La coppia come comunità

Negli amori infantili, la coppia non sfida, non si pone in contrasto o in alternativa ai genitori. I bambini non hanno la forza sufficiente, l'autonomia per porsi, l'un l'altro, come centro attorno a cui costituire un mondo nuovo. Quando il rapporto con i genitori è incerto, il bambino elegge un coetaneo come punto di riferimento della propria vita. In questo caso si forma una «coppia» di bambini estremamente unita, stabile. È ciò che succede a Sonia e ad Ivan, due bambini russi, vissuti per quattro anni in un orfanotrofio del loro Paese. Essi si conoscono in questo ambiente. Successivamente vengono adottati da due diverse famiglie italiane, che vivono non lontano l'una dall'altra. Hanno così la possibilità di ritrovarsi in un ambiente sconosciuto di cui non capiscono bene la lingua, mentre si intendono perfettamente fra di loro.

Ecco il ritratto che di Sonia fa la psicologa: «Sonia è una bambina graziosissima. Ha i capelli lunghi neri, gli occhi neri, l'incarnato olivastro, un viso regolare, illuminato da un radioso sorriso. Ha un'espressione divertente, furba, simpatica, seducente. Gesticola molto quando parla. Si muove in continuazione, ma con una gestualità aggraziata. Porta lo smalto rosso alle unghie, perché dice che così sono più belle. È adornata con fiocchi nei capelli, orecchini, braccialetti, ciondoli e cuoricini appesi a una lunga catena che porta al collo. Mentre parla, ogni tanto domanda: "Sono bella? Ti piace il mio vestito?". Quando le rispondo sì, lei salta di gioia, mi si avvinghia al collo, cerca il contatto della mia pelle, mi avvolge con le gambe i fianchi, mi stringe forte e mi bacia in continuazione, prendendomi il viso tra le sue piccole mani. Poi racconta che, in istituto, alcune educatrici la picchiavano e la "urlavano". Sonia non si esprime correttamente nella lingua italiana, perciò usa con grande intensità il linguaggio corporeo. Quando racconta del suo amico-fidanzato Ivan, ti guarda negli occhi, sottolinea con naturalezza che si vogliono bene, che lei sta bene con Ivan, che è contenta perché lui esiste. Sorride gioiosa e, quando dice che lo vede spesso perché abitano vicino, si alza, fa un girotondo, viene a darmi un bacio. Si siede accanto a me appoggiandosi, inclinando la testa da un lato, e facendo il gesto dell'abbraccio con le mani. Con il linguaggio dei gesti mi dice che, quando vede Ivan, "lo abbraccia, lo bacia, lo tocca, lo stringe forte forte... così". La madre adottiva dice che Sonia le chiede spesso di portarla a trovare Ivan o di telefonargli. Nei disegni Sonia rappresenta Ivan in posizione dominante rispetto agli altri elementi, la casa, la scuola, gli amici, i genitori e Heidi, il personaggio di un cartone animato che ama molto».

Che cosa si è stabilito fra di loro?, mi domando. Un amore o una amicizia? Entrambe le cose. Insieme hanno affrontato le durezze dell'orfanotrofio e i problemi dell'adattamento in un Paese straniero. In realtà, per quanto siano piccoli, Sonia ed Ivan formano una coppia, una comunità che supera i confini delle famiglie di adozione. Una microcomunità di lingua russa in suolo italiano.

CAPITOLO TERZO

Amicizia e amore

Innamoramento e amicizia

Via del Pineto serpeggia fra alti pioppi e antichi lecci. Poi curva leggermente. Mia moglie ed io facciamo la nostra passeggiata mattutina. Camminiamo fianco a fianco. Quando arriviamo a questo punto della via, io tendo ad andare verso la parte agricola, dove c'è il maneggio, e lei a girare dalla parte dove il bosco è più curato, più giardino. È attratta dalle grandi querce che protendono i loro potenti rami verso il cielo, e dagli alti ed immensi pini ad ombrello che si stagliano sullo sfondo. Al centro di quei pini c'è la casa di D'Annunzio: la Versiliana. Per non contraddirla la seguo, il parco che circonda la casa, in cui un tempo abitava il poeta, è bello quasi ovunque. Conosco l'avversione di Rosa per le zone poco curate, trascurate. «Solo chi è nato in città predilige le zone selvagge, rustiche, dove l'uomo non ha lasciato alcuna traccia. I cittadini non sanno cosa significhi vivere in campagna, le difficoltà che nasconde. L'asprezza della vita. Io la conosco, ne sono uscita con molte cicatrici sull'anima, e non voglio più tornarci.»

Io so quanto sia stata dura la sua infanzia, perciò capisco che cerchi di fuggire dai luoghi incolti, quella sorta di terrore pietrificato che esprime con le parole e con il passo lento ma sicuro con cui svolta l'angolo della via, per inoltrarsi nella pineta, dove la mano dell'uomo ha lasciato il suo segno rassicurante.

«Prendiamo la scorciatoia», mi dice ad un tratto, «dobbiamo rientrare a casa. La dottoressa Scramaglia deve essere arrivata.» La seguo. «Lo so che ti dispiace lasciare questo posto», aggiunge senza guardarmi, «ma se vuoi fermarti qui, e vivere una vita serena, regolare, dovresti fare come Kant, occuparti solo di filosofia. Quando siamo in Versilia, tendi a dimenticare che sei una sorta di capocomico, alla guida di un Carro di Tespi. Certo, tu sei uno scienziato, e sul tuo carro non viaggiano né attori, né saltimbanchi. Però anche la tua è una équipe viaggiante.»

«Ma a te un uomo abitudinario come Kant non sarebbe piaciuto, non mi avresti sposato.»

«Puoi starne certo. E poi di Kant ne basta uno.»

Siamo arrivati a casa. La dottoressa Scramaglia è già dentro. Le avevo detto che alle dieci del mattino ci saremmo riuniti per fare il punto dell'indagine sui bambini. Per concludere questa parte della ricerca, ho bisogno di dati quantitativi. Non mi bastano i casi clinici. Sono le dieci e dieci, e lei è già arrivata da Milano. Anzi, entrando mi accorgo che ha già occupato il tavolo della sala da pranzo con grafici colorati tracciati su fogli. Una puntualità e un rigore che un luogo comune da noi definisce «da tedesca». La guardo, mentre mi saluta con un sorriso garbato, «Buon giorno, professore», e mi dico ancora una volta che i luoghi comuni non riflettono la realtà. Il suo aspetto non ha nulla di germanico. Ha i capelli scuri lunghissimi: lei solo sa quanto siano in realtà lunghi, perché l'ho sempre vista con le trecce arrotolate dietro la nuca. Un viso mediterraneo, che sembra uscito da un bassorilievo greco-romano. Certo, è precisa, puntuale, mantiene i patti, ma anche queste sono virtù da antichi romani.

Arriva anche Vieva, tutta trafelata, e dispone i suoi appunti in un angolo del tavolo. Sono entrambe un po' eccitate, attente a non commettere errori nell'esporre i loro dati. Io osservo uno dei grafici, in attesa che tutto sia pronto. L'unica ad avere un atteggiamento pacato è mia moglie. Ha fatto preparare una quantità abbondante di caffè, che la cameriera sta mettendo su un carrello in un angolo della sala. Sa che la seduta sarà lunga, perché abbiamo ancora parecchi aspetti dei bambini da vagliare.

Si siede dalla parte opposta del tavolo. E, mentre sorseggia il caffè, con calma osserva uno dei grafici. A lei non piace proiettare i grafici dal computer durante le sue lezioni universitarie. Preferisce fare schemi a mano sulla lavagna, perché, sostiene, la comunicazione con gli studenti è più viva. Sarà. La sua aula è comunque sempre affollata. Fa dell'ironia, scherza, poi riprende ora con tono severo ora rassicurante. Li incita, li esalta. Alla fine li conduce dove vuole.

«Bene», dico, «visto che mia moglie, scherzando, dice che sono il capo di una sorta di Carro di Tespi della ricerca, e voi degli esploratori dei sentimenti, assolvo il mio compito, introducendo l'argomento fondamentale della riunione: innamoramento e amicizia. Sono uguali, sono diversi, quando si manifesta la differenza nei bambini? Noi sappiano che, nella vita adulta, l'innamoramento e l'amicizia sono profondamente diversi.[4] L'innamoramento sorge improvviso dallo stato nascente. È come l'eruzione di un vulcano. L'amicizia, invece, cresce gradualmente come simpatia, comprensione reciproca, confidenza, fiducia. L'innamoramento è esclusivo e geloso. L'amicizia è più aperta, reticolare. L'innamoramento trasfigura la persona amata, la idealizza, tende ad andare al di là del bene e del male. Noi amiamo anche chi non ci ama, chi ci tratta male. L'amicizia, al contrario, si costruisce a poco a poco sul solido terreno della conoscenza, della fiducia comprovata. Si radica nella stima reciproca. L'amico ci vuole bene, ci aiuta nei momenti difficili, ci difende, ci protegge, mantiene la parola data, sa conservare i segreti. E noi contraccambiamo con lo stesso calore. L'amicizia è un sentimento morale. Un amico che mente, che ci imbroglia, che ci tradisce non è un vero amico. Ebbene, io vi chiedo: questa distinzione fra amicizia e passione amorosa esiste anche nei bambini? Oppure per loro l'amicizia e l'innamoramento sono simili, se non identici?»

Pongo la domanda a tutte, ma il mio sguardo è rivolto a Vieva. «Quelli che mi hai indicato alla scuola materna come "fidanzatini", sono solo degli amici di sesso diverso, e quindi siamo noi adulti che li definiamo così perché si scambiano qualche tenerezza?»

Vieva riflette. Mi rendo conto che la sua preparazione di pedagogista e di psicologa la porterebbe a non dare una eccessiva importanza alla distinzione fra amicizia e innamoramento. Per lei sono entrambe relazioni affettive. D'altra parte è anche sessuologa e, per di più, sa che per me la differenza è importante. Perciò, dopo un breve silenzio, dice: «I bambini distinguono molto presto l'amicizia dall'amore dell'innamoramento. Per esempio, Elisabetta mi ha raccontato che a otto anni aveva un amico più piccolo, a cui era molto affezionata. Poi si è accorta che questo bambino si era innamorato di lei e, poiché sotto questo aspetto non le piaceva, ha preferito diradare gli incontri. Ha usato proprio questa espressione "sotto questo aspetto", cioè sotto l'aspetto della attrazione amorosa. Vuol dire che distingue nettamente le due cose. A nove, dieci anni non hanno dubbi. Greta, che ha dieci anni, mi ha spiegato con grande chiarezza che esistono l'amicizia ed anche un affetto diverso, più profondo, "l'amore-amore". Poi ha aggiunto che può esistere amicizia fra due femmine, fra due maschi ed anche fra un maschio ed una femmina. L'amore invece è solo per il ragazzo.

«L'amica del cuore di Greta è Arianna. Con lei ha diviso gli anni della scuola materna e delle elementari. Da allora si sono sempre volute bene. Stavano sempre vicine a parlare, a giocare, a mangiare. Quando Arianna si è ammalata di morbillo, lei era preoccupata. Ad Arianna raccontava tutti i "segreti più importanti". Ora che sono più grandi, discutono dei programmi televisivi, dello studio, di ciò che vogliono fare da adulte e, soprattutto, dei loro amori. Greta ha anche un amico maschio, Luca, con cui parla soprattutto della scuola e dei libri che leggono.

«Ma essere innamorati» mi ha precisato Greta «è un'altra cosa. È una cosa speciale che non tutti provano. Lei si è innamorata la prima volta a cinque anni, alla scuola materna. È stato un colpo di fulmine. Lui era bello e divertente. Ma ora considera più importante l'amore che ha provato per Giorgio, quando aveva otto anni, in terza elementare. Questa volta il suo amore è cresciuto a poco a poco, e dura ancora. Più lo vedeva e più le emozioni diventavano forti. Sentiva brividi alla schiena, arrossiva quando i loro sguardi si incrociavano, le batteva forte il cuore quando lui le prendeva la mano. O quando le dava un bacio sulla guancia dicendole: quanto sei bella! Poi, un giorno, Giorgio le ha chiesto di diventare la sua ragazza. Allora lei ha capito che quello era proprio un amore serio, perché era una scelta esclusiva. Ora sono fidanzati da due anni. Lei vorrebbe sposare Giorgio, ma non è sicura che ciò accadrà, perché "non si può mai sapere come le cose andranno a finire". Devono ancora fare le medie e le superiori, potrebbero cambiare idea come è successo ad altri ragazzi. Però oggi è molto contenta del suo amore e della sua vita.»

«Così, nel caso tu non fossi informata della differenza, lei te l'ha spiegata con cura», commenta mia moglie ridendo.

«Non ci credi? Eppure è stata così precisa, ha usato le stesse parole...»

«Ma, Vieva, ci credo, eccome! Anzi mi ha colpito la serietà e la precisione della bambina. Non so se un adulto avrebbe saputo fare altrettanto.»

«Perciò» continua Vieva «penso di poter dire, tenendo conto anche delle altre interviste, che i bambini non fanno confusione fra amicizia e amore. Anche per loro sono due esperienze, due modalità di relazione profondamente diverse.»

L'amico del cuore

Riprendo la parola. «Abbiamo parlato della differenza fra amicizia e amore. Ora dobbiamo approfondire la natura dell'amicizia infantile. Analizzando il materiale che mi avete mandato, sono giunto alla conclusione che i bambini distinguono nettamente fra due tipi di amici. Da un lato i compagni di scuola, gli amici del gruppo e, dall'altro, l'amico intimo, il vero amico in senso etico, l'amico del cuore.

«Eccovi un esempio di amico del cuore. Me ne parla Francesco, che ha dieci anni. Il suo amico si chiama Alberto. Si conoscono da sette anni. Lui si fida solo di Alberto, si raccontano le cose più intime. Si consolano quando hanno dei problemi, si fanno compagnia quando uno è ammalato, si aiutano nei momenti cruciali. Francesco dice che la cosa più importante fra gli amici è la fiducia. Col suo amico va in gommone, nuota, si ferma a mangiare al mare, e stanno delle ore a parlare dei loro problemi. Lui gli racconta tutte le sue preoccupazioni, tutti i suoi dubbi. Parla anche dei problemi economici della sua famiglia, dei rapporti con il fratello e gli confida "le sue sbandate". Con Alberto si sente "al sicuro".»

«Ed ora passiamo al secondo punto. Nelle mie ricerche sull'adulto ho visto che l'amicizia, proprio perché è un sentimento morale, è vulnerabile dalle offese di tipo etico. Se l'amico ti inganna, ti deruba, tradisce la tua fiducia, l'amicizia si incrina in modo irreparabile. A meno che non avvenga una spiegazione, da cui appaia con chiarezza che l'azione era involontaria o fatta a fin di bene. L'amico, altrimenti, può anche perdonare il torto subito, può cercare di ricostituire il rapporto come era prima, ma presto si accorge che è un tentativo vano. Si è spezzato qualcosa che non può essere più riparato. Questo non avviene nell'innamoramento. Noi possiamo restare innamorati di una persona che ci ha ingannato, che ci ha tradito. L'amore dell'innamoramento ci trascina anche là dove la ragione ci dice che non dovremmo andare. Ancora diverso è l'amore dei fratelli. I fratelli litigano furiosamente, si scambiano accuse, si dicono menzogne. Ma, di solito, poi perdonano o dimenticano. Invece, anche l'amicizia più forte non resiste di fronte ad un comportamento malvagio, di fronte all'insulto. Insultarsi è un lusso che si possono permettere solo i fratelli.»

«Cosa succede nei bambini?», chiede mia moglie guardando Vieva. La dottoressa Scramaglia tace. E non si meraviglia che a porre la domanda a Vieva sia stata mia moglie, è abituata alla nostra complicità.

«Esattamente quello che succede negli adulti», risponde al volo Vieva. «Anzi, in modo più drammatico, netto, irreparabile. Ce lo mostra il caso di Karen, una ragazzina di dieci anni. Karen era stata per molti anni amica intima di Viola. Si conoscevano fin dalla nascita, perché i loro genitori erano amici. Karen la sentiva vicina, si fidava, giocavano, stavano insieme, parlavano di tutto, delle loro famiglie, dei giochi, dei propri programmi e dei propri amori. Poi, un giorno all'improvviso, è successo un fatto terribile. Viola dice ad una compagna di classe che Karen ha fatto qualcosa che invece non ha commesso. Karen viene accusata ingiustamente. Sentendosi tradita, Karen prova un grandissimo dolore. Solo con il tempo e con l'aiuto della mamma e dei fratelli, "riesce a farsi passare questo dispiacere". Piange molto perché "vorrebbe che le cose tornassero come prima, ma poi si accorge che è impossibile". Dopo questa delusione ha avuto molti amici ed amiche, ma a nessuno di loro ha più concesso la sua fiducia. Aveva collocato Viola nello spazio affettivo famigliare, la considerava come una sorella. Ma il tradimento di Viola, così inspiegabile, ha incrinato la sua fiducia negli esseri umani.»

«Il tradimento dell'amico è più traumatico del tradimento dell'amato» osservo io. «Dall'amato in qualche modo te l'aspetti, infatti temi che possa essere attratto da un'altra persona. L'amore è grazia, dono. L'amico invece lo scegli, è un paradigma della lealtà. Un'isola a cui approdare dopo aver attraversato le tempeste che la vita riserva a ciascuno. Perciò il tradimento, il primo tradimento incrina la tua fiducia di base nel mondo. Fa vacillare gli ordini morali. È il volto del male che si manifesta dove non avrebbe dovuto mai apparire. E quel volto paralizza.»

«Non tutti i ragazzi, per fortuna, hanno una esperienza drammatica come quella di Karen», cerca di sdrammatizzare mia moglie. «L'amico di solito aiuta l'amico nei momenti difficili, dandogli protezione e sostegno morale. Gli amici sono complici, sono come Achille e Patroclo, sono dei guerrieri che affrontano il mondo insieme. Anche oggi ci sono amicizie come quella dei guerrieri greci. Ascoltate il caso di Priscilla e Lucrezia. Priscilla ha dodici anni, vive con la mamma, la nonna e gli zii, perché i suoi genitori sono separati da due anni. Vede suo papà regolarmente. Lui si sta rifacendo una vita, invece la mamma è ancora sola. Priscilla ha sofferto per la separazione dei genitori, ma poi ha trovato un equilibrio. Anche la sua amica del cuore, Lucrezia, ora sta attraversando un brutto momento in famiglia, per problemi simili a quelli che ha avuto lei. I suoi genitori si stanno separando. Priscilla va in soccorso di Lucrezia, l'aiuta ad attraversare questo difficile tratto della vita. Ne parlano, l'aiuta, la conforta, le dà dei consigli perché non soffra troppo. Priscilla mette in comune con Lucrezia la sua esperienza, così la rassicura, le dimostra che, dopo la crisi, si trova un equilibrio. Il loro legame è forte proprio perché entrambe hanno vissuto la stessa esperienza. E ciascuna è diventata per l'altra una sorta di stella polare.»

«Nell'infanzia l'amicizia è più importante che nella vita adulta», aggiungo io. «L'amico del cuore ha un posto che viene subito dopo quello dei genitori e dei fratelli. Quando i legami famigliari sono fragili, l'amica intima diventa la persona più importante, il bene più prezioso. Comunque l'amicizia infantile può durare a lungo, perché non è contagiata da interessi materiali. È più solare, disinteressata. Direi che è indispensabile per conoscere l'ambiente, per capire le emozioni che irrompono in un cuore ed una mente vergini. L'amicizia li aiuta a trovare l'equilibrio interiore, a trovare il loro posto nel mondo. Abbiamo visto che alcuni bambini di dieci-undici anni hanno conosciuto il loro amico del cuore in prima elementare. È un affetto intenso e tenace. L'amico per il bambino è colui con cui passa il tempo, gioca, esplora, confronta. È colui che l'aiuta, l'assiste, lo protegge, lo completa. Il distacco, perciò, può essere molto doloroso.»

«Il dolore per il distacco dall'amica del cuore ci è

fornito dal racconto di Susanna, una bambina di dieci anni, che vive a Milano», interviene la dottoressa Scramaglia. Vieva l'osserva incuriosita. È la prima volta che prende la parola per raccontare un caso. «La prima amica del cuore di Susanna è Iris. La conosce in prima elementare, quando ha sei anni. Si incontrano al pattinaggio e poi si ritrovano nella stessa classe. Con Iris si trova subito bene, perché "lei è una che sa mantenere i segreti". Parlano, giocano, trascorrono molto tempo insieme. Durante tutti questi anni, sono sempre rimaste amiche intime, si sono sempre raccontate tutto. Susanna dice che, quando ha un problema, per l'emozione o la sofferenza non riesce ad esprimersi, fa fatica a comunicarlo. Allora Iris l'aiuta "a tirar fuori le parole". Per esempio, le dice di parlare con calma. Susanna le vuole molto bene anche per questo. Susanna spiega che nella sua classe non c'è un unico gruppo di amici, ma diversi piccoli gruppi, spesso in conflitto fra loro. È stata sempre contenta finché è rimasta nella stessa classe di Iris, perché era la sua complice. Perché si scambiavano le idee su tutto ciò che le circondava, su ogni persona nuova che incontravano. Una volta hanno messo alla prova una loro compagna, per verificare se si potevano fidare. Susanna le ha confidato un falso segreto e le ha raccomandato di non dirlo a Iris. Ma lei non mantiene il patto, va subito a riferirglielo. Così Susanna ed Iris deducono che l'altra non è affidabile, quindi non è degna della loro amicizia.

«All'inizio di quest'anno Iris ha cambiato scuola e, per questo, hanno sofferto tutte e due. La lontananza di Iris ha gettato Susanna in uno stato di depressione: soffre, è taciturna e malinconica. È proprio Iris a confortarla standole vicina come può. Le telefona ogni sera. Si invitano reciprocamente. Iris le manca anche perché, prima del trasferimento, praticavano sport insieme. Si trovavano in palestra e in piscina. Erano affiatate su tutto. Adesso quando Susanna va a letto pensa sempre a Iris. Se sa che Iris ha un problema, lei studia come poterla aiutare. Non riesce a dormire finché non riesce a trovare la soluzione. Entrambe oggi cercano una nuova amica leale nella propria scuola, ma non riescono a trovarla. Iris dice che un'amica come Susanna non la troverà mai più. Quando si incontrano si fanno una gran festa, si sorridono, si abbracciano, sono felici.»

«In molti casi il distacco non è così traumatico», faccio notare io. «Soprattutto nell'amicizia adulta. L'amico del cuore può anche partire, stare lontano per molto tempo. L'amicizia adulta è granulare, non è necessario vivere sempre fianco a fianco. Importante è la lealtà. Importante è sapere che quella persona esiste, che puoi contare su di lei, e lei su di te. Mentre il tempo dell'innamoramento è spasmodico, ansioso, quello dell'amicizia è disteso, sereno. Due amici lontani non dubitano l'uno dell'altro, non sono gelosi. E, quando si ritrovano, hanno l'impressione di continuare una conversazione appena interrotta. Questa forma di amicizia più serena, che sopporta meglio la distanza, talvolta si trova anche nell'infanzia, come ci mostra il caso di Luca, che ha dieci anni. Luca parla con calore di Mario, il suo amico del cuore, che ora abita in un'altra città. Si sono conosciuti quando frequentavano la prima elementare e continuano ad essere amici. Con Mario ha trascorso dei momenti molto belli. Giocavano e stavano spesso insieme, condividevano i loro pensieri e le loro ansie. Luca dice che Mario è un bravo ragazzo ed è felice che, nonostante la lontananza, l'amicizia fra loro duri. Non possono vedersi spesso, ma si scrivono e si telefonano ogni settimana. Così mantengono intatto il loro affetto e si tengono informati delle esperienze che ognuno di loro vive. Luca si è fatto tanti amici nella nuova città, però Mario "resta sempre il migliore".»

Casi clinici e dati a confronto

«Io suggerisco di sospendere l'analisi dei casi per vedere se i dati dell'inchiesta confermano, oppure smentiscono, quanto abbiamo appurato durante il percorso fatto fin qui. Sbirciando i grafici, mi sembra di intravvedere delle ottime novità.» È mia moglie che ci invita, in modo garbato, ad accelerare i tempi.

«La parola alla dottoressa Scramaglia», dico io.

«Oltre a raccogliere dei casi, l'équipe di Milano ha condotto una ampia ricerca sui bambini della quarta e quinta elementare.[5] Fra le tante domande abbiamo anche chiesto: Hai un amico del cuore?. Ci hanno risposto di sì il 95% dei maschi e il 92% delle femmine. Quasi tutti. E alla domanda: Ti sei mai innamorato?, hanno risposto di sì il 77% dei maschi e l'82% delle femmine. Possiamo dedurre, quindi, che l'amicizia intima e l'innamoramento sono due fenomeni quasi universali nell'infanzia.»

«A che età nasce la prima amicizia?», domanda Vieva, mentre scruta i fogli con i dati.

«Osservate attentamente questo grafico, in cui è riportata sia l'età della prima amicizia che quella del primo amore. Vedete? Per l'amicizia vi è una prima punta a tre anni, con l'inizio della scuola materna, ed una seconda a sei anni, con l'inizio della scuola elementare. In ogni ambiente nuovo, il bambino incontra un nuovo amico.»

«Me lo aspettavo. L'amico costituisce la "porta" per entrare nel nuovo mondo. E l'innamoramento?»

«Anche per l'innamoramento c'è una punta a tre anni ed una seconda a sei. Però, come può notare, professore, per l'innamoramento c'è anche una punta verso i nove e i dieci anni. E sa perché? Perché i bambini che abbiamo intervistato hanno nove e dieci anni. E alcuni di loro si sono appena innamorati. Così non danno più importanza all'amore passato, alla cotta presa all'asilo. Annotate questo fatto, perché lo ritroveremo, in seguito, anche negli adolescenti e negli adulti: si ricorda volentieri sempre l'ultimo amore.»

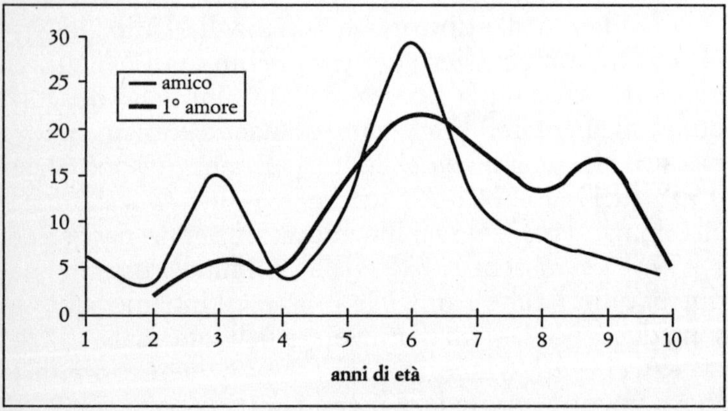

«È umano e logico: un amore appena nato tende a svuotare di significato gli amori passati», commenta mia moglie.

«Questo lo so anch'io a livello intuitivo, e tutti noi lo sappiamo, ma io voglio la prova. Perciò, cara, non correre avanti. Pazienta, ed osserva prima tutti i dati. Dottoressa, continui e non si fermi più. Oppure dovrò mettere un bavaglio a Rosa.» Vieva ride. La dottoressa Scramaglia non si scompone, è abituata alle provocazioni di mia moglie. Lei sa bene che io non voglio conclusioni affrettate. Prima di dedurre voglio vedere le prove sino all'ultima. Ma Rosa dice che bisogna fare in modo serio le cose frivole, e in modo frivolo le cose serie. È il motto di Montesquieu, che lei ha adottato come filosofia di vita. E infatti continua dritta per la sua strada.

«OK, mister! La partita si gioca sino al fischio dell'arbitro.»

Ridiamo tutti.

«Dottoressa, continui.»

«Sempre in questa ricerca abbiamo domandato ai bambini: come deve essere l'amico del cuore? Ecco le risposte in percentuale:

	maschi	**femmine**
uno di cui posso fidarmi	96	90
chi non racconta i miei segreti	84	76
chi gioca con me	66	63
chi mi fa dei favori	57	62
chi passa tanto tempo con me	52	49
il più in gamba	25	25
cerco di assomigliargli	16	14

«Come potete vedere non ci sono differenze fra i maschi e le femmine. Ma nella ricerca troviamo anche la conferma a quanto avevamo già rilevato nei colloqui clinici. Ciò che contraddistingue il vero amico e la vera amica sono essenzialmente le qualità morali: l'amico è soprattutto colui di cui ci si può fidare, che non racconta i segreti. L'amico del cuore, per i bambini, non è un modello da imitare, e neppure quello più in gamba. L'altro dato importante è questo: l'amicizia, nell'infanzia, è molto più solida, dura molto più a lungo dell'innamoramento. L'84% dei maschi e l'80% delle femmine dicono che la loro amicizia dura da diversi anni. E diversi anni, per quell'età, sono un tempo lunghissimo. Questa percentuale, per l'innamoramento, scende a 39% per i maschi e a 41% per le femmine.

«La dimostrazione che già nell'infanzia amicizia ed amore non sono la stessa cosa, ma esperienze profondamente diverse, ci è confermata dal confronto fra le definizioni che i bambini danno dell'amico del cuore e quelle che danno dell'innamorato. Abbiamo chiesto ai bambini: Che cosa significa essere innamorati? Ed ecco le risposte in percentuale:

	maschi	**femmine**
pensare a lui (lei) quando è lontano	86	83
aver voglia di stare insieme	78	77
volergli più bene che agli altri	73	67
essergli fedele	70	69
che ti batte forte il cuore	61	53
essere il suo migliore amico	33	29
confidargli i segreti	33	39

«Vedo che le qualità morali su cui si fonda l'amicizia» commento io, «nell'innamoramento non sono richieste. Dall'innamorato i bambini non si aspettano che, prima di tutto, sia leale, sappia tenere i segreti, che dia fiducia. Nell'innamoramento sono fondamentali il desiderio di unione, volergli bene, pensarlo, preferirlo a tutti gli altri e la fedeltà. Conclusione: amicizia e amore hanno veramente una struttura emotiva ed intellettuale diversa. Io l'avevo sostenuto a livello teorico nel libro *L'amicizia*. E quante polemiche ci sono state! Ma questa ricerca ne dà la dimostrazione empirica. Non solo, aggiunge che amicizia e amore sono nettamente separati fin dall'infanzia. I bambini dei casi clinici ci descrivono, con la loro semplicità, l'innamoramento con il batticuore, la trepidazione, la paura di non essere ricambiati. E, quando sono ricambiati, come gioia, esultanza. L'amicizia invece si identifica con la fiducia, la lealtà, la riservatezza, l'intimità, l'aiuto reciproco, la complicità. Dottoressa Scramaglia, mi manca un dato: la cronologia temporale. Cosa nasce prima, l'amicizia o l'innamoramento?»

«Se osserva con attenzione il grafico, vedrà che l'amicizia precede l'amore. Ed è logico. L'amico ti dà sicurezza, fiducia, con lui ti puoi confidare, domandare consiglio, appoggiarti ogni volta che affronti una situazione nuova, rischiosa, come è l'innamoramento. L'ha scritto lei, d'altra parte, l'innamoramento è un mettersi in gioco, è uno sconvolgimento dell'animo, è un andare verso l'ignoto. Di fronte ad una tale sfida tremano gli adulti, si figuri un bambino. Infatti il bambino s'innamora, si mette in gioco ma, di solito, affronta il rischio se ha un amico con cui può parlarne, e che lo sostiene moralmente.»

Il gruppo

«Ora bisogna approfondire un altro aspetto dei nostri protagonisti: la loro modalità di stare in un gruppo. I risultati ci dicono che, fin verso i sei-sette anni, i bambini e le bambine giocano insieme, poi tendono a separarsi. Le bambine stanno fra di loro, chiacchierano, discutono delle loro esperienze. I bambini formano un gruppo più compatto, si organizzano in bande, fanno giochi di squadra. Questa separazione serve a costruire un'identità sessuale separata che si ottiene coltivando interessi specifici del proprio sesso. E, fin dall'infanzia, appare quella che con il tempo diventerà una caratteristica costante, rilevata da altre ricerche.[6] Le femmine sono più interessate al mondo interiore, alle relazioni intime, emozionali. I maschi al mondo esterno, ai fatti, all'azione. Quando vanno a scuola insieme, le ragazze conversano più dei maschi. E, mentre i bambini parlano soprattutto del mondo esterno, di eventi sociali, di attività come lo sport, le bambine parlano di più della loro vita affettiva, dei problemi personali, delle esperienze amorose. Lo stesso avviene nelle conversazioni telefoniche. I ragazzi parlano di hobbies, di musica, di sport, le ragazze invece dei loro progetti, delle loro ansie, di problemi famigliari. Le ragazze danno anche più importanza al proprio aspetto fisico: al trucco, alla pettinatura, all'abbigliamento. Molte di loro tengono un diario in cui annotano tutte le loro esperienze emotive.

«I maschi, quindi, sono più legati agli amici del

gruppo, agli "amiconi", con cui costituiscono talvolta una banda. Sono i gruppi che fanno giochi di squadra, progetti. Oppure vanno in giro insieme, spesso con aria tracotante. Uniti si sentono forti, potenti. È il gruppo dei maschi che incomincia a svalutare il comportamento delle femmine, per differenziarsi da loro. E si oppone, con la derisione e lo scherzo, ai tentativi di qualcuno dei suoi membri di formare una coppia con una persona dell'altro sesso. Uno dei temi ricorrenti, quando i bambini parlano del loro innamoramento, è la paura di essere presi in giro dagli altri. Questo è vero soprattutto per i maschi, in cui il gruppo è più importante. Questa modalità di stare insieme, col passare del tempo, differenzia, in modo marcato, il comportamento dei due sessi.

«Con questa ricerca abbiamo avuto anche un'altra dimostrazione: sia i maschi che le femmine, quando sono innamorati, di solito, si confidano solo con l'amico del cuore in cui possono riporre la propria fiducia, che protegge il mondo interiore. Ma le ragazze hanno più confidenza con l'amica, sono più abituate a parlare, ad analizzare con lei i propri sentimenti e quelli degli altri. Forse è proprio per questo che la gente comune dice che le ragazze maturano prima dei ragazzi. Ed ha ragione. Parlando con l'amica o con le amiche le ragazze imparano a leggere i gesti, i comportamenti delle persone che le circondano. Scandagliare le emozioni insieme, le porta a conoscerle, a differenziarle. I ragazzi, stando in gruppo, si vergognano di parlare di sentimenti e di comportamenti, perché sentono sminuita la loro virilità. E infatti, talvolta, non hanno il coraggio di parlare dei propri sentimenti amorosi nemmeno all'amico più caro. Quando questo avviene, poiché l'amico del cuore è l'unico con cui possono analizzare le esperienze affettive più rischiose, si trovano soli, impreparati, smarriti, di fronte ai problemi emotivi. E finiscono per avere un atteggiamento incerto, grossolano.»

«È vero ciò che dici», interviene Vieva. «Ce lo mostra il caso di Italo, che ha undici anni e frequenta la prima media. È alto, magro. Ha i capelli lisci, castano chiari. Ha molti amici ai quali vuole bene, ma non ha un vero amico del cuore con cui confidarsi. Li considera tutti alla pari, soprattutto i compagni di classe con i quali gioca, parla, trascorre dei bei momenti. Non si è mai interessato alle bimbe e non si è mai innamorato fino all'anno scorso, quando ha conosciuto Beatrice. Beatrice gli piaceva. Ma ha scoperto che piaceva anche ad un suo amico. Così si è bloccato perché non ha voluto "andargli contro". Però una amica di Beatrice si è accorta del suo interesse e ha fatto da intermediaria fra loro due. Ad ognuno ha detto che l'uno era innamorato dell'altro. Beatrice le ha creduto ed ha preso l'iniziativa di parlare con Italo, proponendogli di fidanzarsi. Italo ha accettato. Ma la storia è durata solo due mesi. Si vedevano, si parlavano, giocavano insieme. Poi è finita. Italo non sa darsi una spiegazione del perché sia finita. Dice che non è successo niente di particolare. Ad un certo punto lui non l'ha più cercata, lei neppure, e così non si sono più visti. Ora lui è tornato a pensare solo alla scuola e trascorre tutto il suo tempo libero con gli amici del gruppo. Il fatto di non avere un amico del cuore a cui confidarsi, con cui discutere i suoi sentimenti, lo ha reso incerto, fragile, perfino manipolabile con facilità.»

CAPITOLO QUARTO

Timidezza e vergogna

La timidezza

«Un aspetto che ancora non abbiamo studiato», dice mia moglie porgendomi una tazza, «è la timidezza. È apparsa ogni tanto nei casi esaminati, ma non ci siamo mai soffermati ad esaminarla.»

«Lo facciamo adesso», dico sorseggiando il caffè. «Abbiamo visto che i bambini piccoli non sono timidi. Hanno paura delle persone sconosciute e diverse da loro, degli adulti che non hanno mai visto. Ma non hanno alcuna esitazione a sorridere, ad avvicinare, ad abbracciare e baciare un loro coetaneo, che incontrano per la prima volta. Possono farlo perché non si pongono il problema della reazione dell'altro, di ciò che egli pensa e vuole. Il bambino ha un atteggiamento egocentrico. Pensa che l'altro voglia ciò che vuole lui. Perciò, se prova simpatia per un suo coetaneo lo avvicina senza inibizioni. Se gli sembra bello, trova naturale che anche lui lo consideri bello. Se si innamora, agisce come se quel sentimento fosse naturale anche per l'altro. E poi, senza inibizione, lo racconta alla mamma e al papà.

«Verso i sette, otto anni e poi ancora di più in seguito, il loro atteggiamento muta, diventa sociocentrico. Essi si domandano che cosa pensa e vuole l'altro, cosa si aspetta, come li giudica e come giudica ciò che fanno. Il giudizio dell'altro diventa così costitutivo del giudizio che essi danno di se stessi, della propria autostima. Non hanno più un valore estetico ed erotico autonomo, dipendono dal giudizio delle altre persone. E questo giudizio ha tanto più peso quanto più l'altro è importante per loro, quanto più lo stimano, lo ammirano, quanto più desiderano piacergli. Nel campo amoroso questo mutamento ha degli effetti sconvolgenti. Perché, mentre fino a quel momento più erano interessati, affascinati, innamorati di una persona, più pensavano di essere riamati, ora avviene il contrario. Più si sentono attratti e desiderano piacergli, più temono che lui possa non ricambiare il loro sentimento, e la loro ansia cresce.»

«È vero» esclama Vieva «molti dei miei ragazzi e ragazze, che vanno dagli otto ai dodici anni, hanno un colpo di fulmine per qualcuno, ma non hanno il coraggio di avvicinarlo, di parlargli del loro amore. E, poiché mancano di esperienza, non sanno nemmeno decifrare sentimenti e desideri dell'altro. Impallidiscono, balbettano, non dormono la notte studiando come farsi notare, ma non agiscono. Perché temono di non piacergli, hanno paura che l'altro possa dirgli no. Questo rifiuto, questo giudizio distruggerebbe l'opinione positiva che hanno di se stessi, del proprio valore: la loro autostima.»

«Ed ecco» intervengo io «che subentra un meccanismo che li frena: la timidezza.» Mi alzo e comincio a camminare su e giù per la stanza. La dottoressa Scramaglia, Vieva e Rosa si mettono comode nelle poltroncine. Quel mio andare su e giù è il segno del mio modo di riflettere, di pensare ad alta voce. «È la timidezza che gli impedisce di rischiare, di esporsi al pericolo della catastrofe della propria svalutazione. La timidezza è perciò un meccanismo di difesa contro il pericolo di venir respinti nell'incontro, di venir svalutati dal rifiuto. Il rifiuto distrugge il valore, l'essere accettati esalta, rafforza. Dà sicurezza al soggetto che si è messo in gioco.

«Spesso le bambine timide dicono che vorrebbero apparire sicure di sé. Cioè vorrebbero saper ostentare una baldanza che non hanno. O perlomeno una indifferenza, un distacco emotivo. Ma per riuscirci, devono diventare più sicure di sé, del proprio valore. E per raggiungere questa sicurezza, hanno bisogno di sentirsi ricambiate, amate. La timidezza le protegge dalla delusione, ma impedisce loro di ottenere questa rassicurazione fondamentale. Così l'amore dei bambini e delle bambine resta, spesso, un amore sognato, desiderato. Uno struggimento timoroso. Un tipo d'amore che gli adulti chiamano "platonico", perché è adorazione e desiderio a distanza. Un amore che non riesce a diventare seduzione, che non riesce a costringere l'altro a dire di sì.

«Il bambino sa fingere, sa mentire, ma non sa ancora mettere in scena i sentimenti che servono per sedurre. Impara a farlo da adolescente, perché esplora una molteplicità di ruoli, perché prova ad impersonare molti "Io" diversi. E, quindi, diventa anche capace di sfuggire a se stesso, alla sua verità fondamentale per assumere quella che gli serve in quel momento.

Finché, ad un certo punto, non sarà più timido, diventerà capace di conquistare, di sedurre. Anche se, spesso, al prezzo di rinunciare alla sincerità. E, qualche volta, non saprà più nemmeno che cosa vuole esattamente.

«Con l'amico del cuore, i bambini non sono timidi, perché hanno potuto accertarsi, nel corso del tempo, che di lui si possono fidare. Il vero amico sta sempre dalla loro parte, rafforza, non diminuisce la loro autostima. Mentre l'innamoramento è sempre rischio, anche nell'infanzia. L'amore, i nostri bambini ce l'hanno ripetuto in tutte le interviste, nasce improvviso e inatteso come "colpo di fulmine". Ti piace qualcuno prima che tu sappia se gli piaci a tua volta. Ti piace qualcuno prima che tu sappia se ti dirà di sì. Anche l'innamoramento infantile è un buttarsi in avanti, è rischiare il nostro affetto su qualcuno che non sappiamo se ci ricambierà. Di qui, perciò, sorge subito la domanda: mi ama?

«Quando ci innamoriamo, la persona amata viene preferita ad ogni altra ed il suo giudizio diventa per noi essenziale. Essere ricambiato vuol dire che sei bello, desiderabile. Non essere ricambiato vuol dire perdere valore, sentirsi un niente. Per proteggersi da questo pericolo scatta il meccanismo di difesa della timidezza. Il bambino impallidisce, balbetta di fronte al proprio innamorato, non gli dice il suo amore. Certo, l'altro lo può decifrare, ma lui può sempre negarlo, dire che non è vero. Per questo il bambino teme che qualcuno possa svelare il suo amore, lasciarlo scoperto, indifeso. Per questo si confida solo all'amico del cuore. Perché l'amico sa mantenere il segreto.»

La vergogna

«Quasi tutti i bambini si vergognano di dire, agli altri compagni di scuola e di gioco, che sono innamorati perché, come ci hanno raccontato, temono di essere presi in giro. Alcuni si vergognano di dirlo ai propri genitori, perché non li ascoltano o svalutano i loro sentimenti. Temono che non capiscano questa loro inquietante esperienza, fatta di palpiti, di batticuore, gioia, ansia e dolore. C'è perfino chi, per questa paura, non vuole innamorarsi. Di solito, rivelano il loro amore e chiedono consiglio, anche per le loro paure, all'amico che sa mantenere il segreto e li protegge dal mondo esterno.

«L'innamoramento infantile e l'amicizia sono i più importanti legami emotivi, dopo quello con i genitori. Ma l'innamoramento, a differenza del rapporto con il genitore e con l'amico, è sempre un mettersi in gioco. Anche nei bambini si presenta come una potenza involontaria, difficile da gestire. Ci si innamora nostro malgrado, in modo improvviso, col "colpo di fulmine" e si entra in un'area di rischio, di pericolo per noi stessi. È pericolosa la risposta dell'altro che potrebbe respingerti e farti sentire senza valore. È pericolosa la presenza dei rivali e delle rivali in amore. È sempre in agguato l'insidia della gelosia. È pericoloso il giudizio dei genitori, perché il loro parere è autorevole, può schiacciarti come un macigno. I genitori possono creare ostacoli, proibirti di uscire, dire di no. È pericoloso il gruppo degli amici con i suoi giudizi discordanti, le sue rivalità, la sua violenza e le sue crudeltà. Il gruppo, soprattutto nel caso dei maschi, deride i sentimenti delicati, e prende in giro coloro che si appartano sotto forma di coppia, che violano le regole della consorteria di sesso.

«Il bambino intuisce che la sua esperienza amorosa è importante, essenziale alla sua crescita, al suo ingresso nella vita. Ma sa di essere delicato, vulnerabile. Perciò cerca di proteggere il suo mondo interiore, quello in cui sta maturando la sua identità, dove stanno sbocciando i suoi desideri, i suoi sogni, i suoi progetti di vita, i suoi ideali. Dove sta esplorando nuove sensazioni, nuove emozioni, nuovi rapporti. La derisione e il disprezzo minacciano questo lavoro di filigrana, minacciano la distruzione della sua identità, la fiducia in se stesso, la possibilità di prepararsi al futuro. E tutto questo produce ansia, sofferenza. Allora il bambino si difende, difende la sua intimità, la sua privacy. Ha bisogno di sentirsi accettato, capito, rispettato. Parlerà del suo amore solo a chi ritiene affidabile, a chi dimostra di rispettare i suoi sentimenti, a chi li considera cose serie e importanti. Verso tutti gli altri proverà vergogna.[7] La timidezza, dunque, lo difende da chi ama, mentre la vergogna lo protegge da coloro che possono criticarlo. La vergogna è il meccanismo di difesa che il bambino usa per non aprirsi incondizionatamente, per non svendersi, per non sentirsi dire che è stupido, che non ragiona. Per conservare la propria autonomia e coltivarla nel silenzio, al riparo della brutalità e della violenza del mondo esterno.»

Il segreto

«Il bambino si sente in balia degli altri» continuo, «e perciò costruisce la sua autonomia proteggendo il suo mondo interno dalle critiche, le offese, gli insulti, le derisioni che gli possono venire, dagli adulti, dalla società esterna. Uno degli strumenti di questa difesa è il segreto. Il segreto è prima di tutto un non dire tutto, un celare alcune cose. Anche ai genitori, ai fratelli. Mia figlia Francesca, da piccola, aveva molta paura di uscire la notte. Immaginava che potessero arrivare "i giganti e gli orchi, creature ancora più grandi dei giganti e con enormi zanne". Però non lo diceva a nessuno. A me, a sua madre e ai fratelli raccontava di non aver paura di nulla e, per dimostrarcelo, usciva di notte e faceva da sola il giro della casa – che si trovava su una collina isolata – da sola. Poi rientrava sorridente.

«Ma ci sono dei segreti che il bambino deve condividere con altri, che non può tenere per sé solo. Ha bisogno di parlare delle sue emozioni, dei suoi dubbi, delle sue paure. Per analizzarle, confrontarle, capirle. Ha bisogno di chiedere consigli e aiuto. Uno di questi è l'amore. L'amore deve essere discusso in privato, nel segreto, perché è precario, incerto, può essere perso se non è comunicato alla persona giusta e nel modo appropriato. Bisogna evitare che qualcuno vada a riferirlo in modo sbagliato. Bisogna fare in modo che i compagni non ti deridano e che gli adulti non ne sorridano. Il bambino non ha ancora una sua stanza separata, un cassetto che può chiudere. I genitori possono vedere tutto ciò che fa, frugare nella sua cartella, nelle sue tasche. Lo interrogano, si fanno raccontare ogni cosa. Perciò ha bisogno di un complice, di qualcuno che non parla, che tiene nascosto il segreto a tutti, senza eccezione. Di qualcuno di cui ha una fiducia totale e che prende con lui un impegno solenne. Questo è l'amico del cuore. La minuscola società formata dai due amici del cuore è, perciò, la prima embrionale setta esoterica che protegge il primo vero grande segreto della vita: l'amore. E lo fa erigendo inviolabili barriere contro lo sguardo invasivo degli altri, contro la loro azione devastante.»[8]

La gelosia

«La gelosia è il sentimento che ci sconvolge, quando una persona che amiamo preferisce qualcun altro, o quando temiamo che possa preferirlo.[9] E siamo tanto più gelosi quanto più ci sentiamo deboli, impotenti verso il rivale, quanto più lo consideriamo superiore a noi. La struttura della gelosia è perciò sempre triangolare. C'è chi ama, l'oggetto d'amore e il rivale o la rivale. Il rivale porta via, ruba la persona amata. Ma perché ci sia la gelosia non basta il rivale. Bisogna che la persona amata si metta dalla sua parte, se ne lasci affascinare, lo preferisca a noi. La gelosia è un furto in cui l'oggetto del furto è complice del ladro.

«E infatti quando l'amato diventa complice del ladro, noi siamo gelosi tanto della persona che ci deruba quanto di quella che ci tradisce. E la nostra aggressività può rivolgersi verso entrambi. In certi casi è più intensa verso il primo, in altri casi verso il secondo. Nella tragedia di Shakespeare, Otello rivolge la sua aggressività verso Desdemona e l'uccide. Nel libro *Lolita* di Nabokov, Humbert, invece, non riesce ad odiare la ragazza, ma va a "giustiziare" il commediografo che glie l'ha portata via. Nei romanzi rosa, di solito, l'eroina non se la prende con l'amato, ma lotta tenacemente contro la rivale.

«La gelosia è presente anche nei bambini ed è espressione della loro insicurezza. C'è una gelosia di tipo forte che si rivolge ai genitori di cui temono di perdere l'affetto. Chiara e Cristina, per esempio, sono gelose delle sorelle piccole perché sono più coccolate. La gelosia verso i genitori o verso i fratelli può lasciare ferite molto forti nei bambini. Può provocare comportamenti patologici come enuresi notturna, perdita di appetito, apatia, depressione.»

«Su questo anch'io posso raccontarvi un episodio» interviene mia moglie Rosa «che mostra, inoltre, come i bambini siano capaci di autoanalisi. Parecchi anni fa, durante un Natale, sono andata dai miei genitori. C'erano anche altri parenti, così mi son trovata a dividere la camera con la mia nipotina. A quel tempo avrà avuto sette anni. Non la vedevo da un bel po' di tempo. Era ingrassata e molto. Io ero un po' delusa, non riconoscevo più la mia bambina chiacchierona, sempre in moto, seduttiva. Era la prima nipote e le attenzioni di tutta la famiglia erano concentrate su di lei. Siamo a letto, e parliamo. Ad un certo punto le chiedo: "Perché mangi tanto?". Avevo evitato con cura la parola grassa. Ma lei sgombera il campo. Mi dice con tono serio: "Lo so che non ti piacciono le bambine grasse, ma da quando è nato il mio fratellino, mia madre si occupa solo di lui. Se lo sbaciucchia tutta contenta, ed io la guardo in silenzio. Prima baciava me. Adesso mi dice: portami questo, portami quello. Da allora ho cominciato a mangiare tanti dolci, quelli che fa la nonna, perché mi sento sola". Confesso che ero interdetta davanti a tanta lucidità. I genitori in questi casi, si arrovellano per comprendere i comportamenti dei figli, perché con loro tacciono per dispetto. Mia nipote non avrebbe mai detto alla madre o al padre il perché della sua voracità per i dolci. Quante volte durante le feste avevo sentito mio fratello implorarla: "Per favore, mangiane meno di quei dolci. Ti fanno male". E lei senza degnarlo di uno sguardo: "A me piacciono, non possono farmi male". È chiaro che il padre, per mia nipote, era complice del tradimento della madre. E quindi si meritava quel suo fare dispettoso.»

«I bambini», continuo io, «provano gelosia anche verso altre persone, come gli insegnanti, gli innamorati e gli amici. Questi legami sono più deboli rispetto a quelli dei genitori e, di solito, le conseguenze della gelosia sono meno gravi. Però il bambino può soffrirne molto. Soffermiamoci un momento sulla esclusività e la gelosia nell'amicizia. Nell'età adulta l'amicizia è reticolare. Ciascuno di noi ha più di un amico e può non conoscere nemmeno quelli dell'altro. Perciò non ne siamo gelosi. Nell'infanzia, invece, di solito il bambino ha un solo amico del cuore. A lui confida i moti più intimi del suo animo, i suoi segreti. Per questo motivo il loro rapporto tende ad essere esclusivo quasi come l'innamoramento. Abbiamo visto il caso di Sara, a cui l'amica del cuore, Marta, ha imposto di non frequentare più Brigitte. Se gli amici del cuore, di solito, non sono gelosi è perché sono reciprocamente fedeli. La gelosia verso l'innamorato o l'innamorata, invece, è più facile per due ragioni. La prima: l'innamoramento può non esser ricambiato. La seconda: anche quando è ricambiato, c'è il timore che l'amato possa cessare di amarti, o innamorarsi di un altro.

«Anche nei bambini l'aggressività si rivolge tanto verso il rivale quanto verso l'oggetto d'amore. Talvolta con espressioni colorite. È il caso di Angelica, che ha dodici anni, ed è innamorata di Simon. Ma è timida, non sa come conquistarlo. Spera solo che lui si decida a dirle che l'ama. Racconta che, quando lo vede parlare e scherzare con le altre ragazzine, è gelosissima. Pensa che siano più interessanti di lei ed ha paura che glielo portino via. Dice che "vorrebbe mettere un sasso al collo a quelle smorfiosette e buttarle in mare". Un pomeriggio passeggia con Simon. Camminano, chiacchierano, guardano le vetrine. Angelica è felice. Ma ad un tratto incrociano due amiche di Simon. Lui si mette a parlare con loro, a ridere, a scherzare e, improvvisamente, ne abbraccia una. Angelica rimane pietrificata. Non dice nulla, non fa un gesto, ma "vorrebbe ammazzarlo". Poi la sera, a casa, si chiude nella sua camera e piange in modo disperato.»

«Non tutte sono così aggressive», interviene Vieva. «Mi viene in mente Rosy, che ha dieci anni, ma è molto saggia per la sua età. È innamorata di Carlo che, però, è già fidanzato con un'altra bambina, Maria. Soffre in silenzio, è molto gelosa di Maria. Spera solo che lui un giorno la lasci e vada da lei. Però dice che, se lo incontrasse con Maria, farebbe finta di niente. Perché, aggiunge scuotendo la testa, "quando uno ama un'altra, non si può fare nulla". Le sue amiche le consigliano di tirare una pallonata in testa a Maria, quando la vede con lui. Ma lei non lo farebbe mai.»

«Teniamo presente però che sono amori fantasticati, non realizzati», concludo io. «Sono pochi i casi di amori infantili come quelli di Massimiliano, dove la parola gelosia ha un senso, perché c'è un impegno reciproco di fedeltà. Massimiliano è molto innamorato di Elena e adotta tutti gli accorgimenti per proteggerla dalle intrusioni esterne. Infatti le telefona di nascosto, perché non vuole svelare i suoi segreti neanche ai genitori. Non parla di lei con gli amici, perché ha paura che la possano infastidire. La protegge perché per lui è "la migliore di tutto l'universo". Massimiliano non dubita di Elena, non immagina un rivale. Infatti dice che sarebbe geloso, solo se Elena avesse un altro. Allora lui andrebbe "fuori dai gangheri". Però sa che lei è una ragazza seria, che è molto innamorata, ed è sicuro che non tradirà il patto che hanno fatto quando si sono conosciuti.»

CAPITOLO QUINTO

L'innamoramento infantile

Strategie seduttive

Due nostri amici versiliesi, l'architetto Massimo Bertozzi e il pittore Rolando Conti, sapendo della lunga riunione, per pranzo ci hanno fatto una sorpresa. Ci hanno portato una grigliata di pesce, delle schiacciatine e della frutta. Sono arrivati dicendo: «Un omaggio del maestro Gusmano». Tutti gradiamo la sorpresa, in modo particolare mia moglie ed io. Conosciamo Gusmano e la sua arte. Ha del pesce freschissimo e lo cucina come solo i grandi cuochi sanno fare. «Continuate, continuate», ci dice Massimo dirigendosi verso la cucina. «Ci pensiamo noi ad apparecchiare. Siamo degli ottimi camerieri, non dubitate, anche se non parrebbe.»

«Ma vi pare», fa mia moglie stando al gioco, «la nostra casa è vostra.» Sono due amici simpatici ed affettuosi, talvolta giocherelloni come solo i toscani sanno essere.

Mangiamo allegramente. Poi facciamo una breve passeggiata. Prendiamo via Nizza, che divide il parco della Versiliana da quello dell'Hôtel Augustus. Mentre andiamo, l'odore di salmastro si fa più pungente, siamo a pochi metri dal mare. Infatti sentiamo il rumore delle onde. È una giornata limpida e il mare è abbastanza mosso. Tutto ci induce ad andare sulla spiaggia a continuare la nostra passeggiata: gli amici, le onde, gli odori, il sole. E proprio per questo mia moglie dice, invertendo la marcia, quando siamo giunti a pochi passi dal termine della via: «Un mio zio napoletano diceva che l'unico modo per liberarsi dalla tentazione è accontentarla subito. Io dico che ce n'è un altro: scacciarla come una mosca molesta. Al lavoro, si è fatto tardi».

Gli amici ci salutano, e noi torniamo al tavolo per concludere il nostro viaggio nell'universo dei bambini.

«Abbiamo ancora alcuni aspetti da approfondire. Cominciamo dalle strategie seduttive. Tutti i bambini seducono, sin dalla prima infanzia.[10] Compiono movimenti aggraziati, abbracciano, baciano, fanno piccoli doni per piacere, per conquistare l'amore degli adulti e dei coetanei. Lo fanno senza porsi esplicitamente il compito di piacere, senza interrogarsi su che cosa desidera o non desidera l'altro. Si limitano ad esprimere il proprio interesse, le proprie emozioni, il proprio desiderio. Non fanno piani per conquistare il consenso. Non si pongono il problema se sia meglio dire o non dire, chiedere o non chiedere, esprimere o reprimere le proprie emozioni.

«Questo problema si presenta nella seconda infanzia, quando il bambino si rende conto che l'altro è diverso da sé, che non reagisce nello stesso modo. Perciò comincia a domandarsi cosa fare per piacergli, per farsi apprezzare, lodare. Come fa Selina, che ha dieci anni e si è innamorata di Gregory, un amico di suo fratello maggiore. Gregory, quando viene a casa per studiare con suo fratello, l'osserva. E Selina lo guarda anche lei. Più i giorni passano, più si guardano, si fissano, ma nessuno dei due ha il coraggio di parlare, di esprimere ciò che prova. Lei aspetta che sia Gregory a fare la prima mossa. Suo fratello, che ha capito benissimo la situazione, vorrebbe informare Gregory. Ma lei non vuole, teme che possa dire di no. Eppure se lo vedesse con un'altra "si roderebbe dalla gelosia". Non si rassegna e non sa trovare il modo per comunicargli il suo amore. Teme di essere rifiutata. Un giorno decide di rischiare: si prepara con cura, cerca le parole adatte per confessargli il suo amore. Per essere certa, si chiude nella stanza e se le ripete ad alta voce. Ma, appena lo vede, è così presa dalla vergogna che non ha nemmeno il coraggio di salutarlo. Così si rifugia nella sua camera e piange. Però non si arrende. La sera, quando va a letto, pensa sempre a lui, e continua a domandarsi cosa potrebbe fare, come dovrebbe agire. Cerca delle strategie per farlo innamorare e, poi, le mette in pratica. Cambia pettinatura, e, quando va a vedere le partite dove incontra Gregory con suo fratello, si pettina con particolare attenzione. Cerca di vestirsi in modo che lui possa notarla, perché sa benissimo che anche lui la guarda. Selina ha chiesto aiuto e consiglio anche alla mamma di Gregory, perché è amica della sua. E lei le ha confermato che suo figlio è timido ed è per questo che non si fa avanti. Perciò lei torna a pensare di dirglielo, immagina le situazioni in cui potrà farlo. Ma non è sicura di riuscirci.»

«Ci riuscirà, ci riuscirà, dalle un po' di tempo. Le adolescenti oggi sono sveglie, sono astutissime», dice Rosa ridendo.

«Ha ragione Rosa.» Esclama Vieva ridendo a sua volta. «Anche fra le ragazzine ce ne sono di spigliate, e già con un pizzico di astuzia femminile. È il caso di Tecla: ha dodici anni e frequenta la seconda media. Non le è mai piaciuto nessuno fino a undici anni, quando frequentava la prima media. Poi ha conosciuto Martin, ed è stato un colpo di fulmine. È rimasta colpita dalla sua bellezza e dalla sua simpatia. Martin ha i capelli biondo scuro, a caschetto, gli occhi verdi. Tecla ricorda che, quando l'ha visto per la prima volta, indossava jeans molto grandi, scarpe da tennis alte e un maglione enorme. Quello stesso giorno incominciano a parlare come se si conoscessero da sempre. Tecla capisce che è un bravo ragazzo. "Non è come quegli arroganti ed antipatici che dicono le parolacce", puntualizza. Da quel giorno si vedono spesso, stanno bene insieme. Lui è simpaticissimo. I due ragazzi si piacciono. Ma nessuno dei due ha il coraggio di chiedere all'altro se si vuol fidanzare. Tecla però si è accorta che Martin sta facendo dei passi avanti. Le fa delle "battutine simpatiche", la guarda "in modo strano", le prende il diario per guardarlo. Tecla spera che lui si decida a dirle che la ama, perché lei soffre se lo vede parlare e scherzare con altre ragazzine. Perché lei, mi specifica, "lo pensa molto, non riesce a levarselo dalla testa". E poi è gelosissima.

«Tecla ha capito», continua Vieva, «che, per sedurre, dovrebbe controllare le sue emozioni ed il suo comportamento. Si è anche ripromessa di agire come "quelle che considerano i ragazzi degli extraterrestri o li odiano", perché ha scoperto che "loro ottengono dei risultati". Vorrebbe fare l'indifferente, chiacchierare con quelli che le piacciono, e non comportarsi come una innamorata, che incomincia a tremare e a balbettare non appena il suo ragazzo le si avvicina. Le piacerebbe fargli vedere che lei è una persona sicura, forte. Ma non ha ancora un progetto preciso "per attirare l'attenzione di Martin e catturarlo". Però sa che a lui piacciono i jeans attillatissimi, le camicie enormi e le gonne. Allora si sta organizzando. Ha chiesto alla mamma di comprarle i jeans e di lasciarle indossare le sue camicie. Poiché hanno grosso modo la sua stessa taglia, può averne tante, e tutte eleganti. Ma a lui piacciono anche certe gonne. Se n'è fatta comprare una e l'ha indossata. Ha funzionato, perché si è accorta che, quel giorno che l'ha indossata, una sua amica, che "gironzola" intorno a Martin, "si rodeva", perché lui era rimasto a parlare solo con lei.»

Amore e sessualità

«Innamoramento e sessualità nascono separati e si uniscono solo in seguito.» Mormoro fra me e me questa frase, quando mia moglie, credo per pura provocazione, mi dice: «Vuoi cancellare cento anni di psicoanalisi? Tu sai benissimo che, per la psicoanalisi, tutte le forme di attrazione e di piacere hanno natura sessuale. La libido si sviluppa passando attraverso diverse fasi.

Le prime tre sono pregenitali: la sessualità orale, quella anale e quella fallica. Quella genitale si sviluppa molto tardi, con l'adolescenza. Naturalmente anche i bambini hanno delle curiosità per gli organi genitali. Cercano di esplorarli facendo, per esempio, il gioco "del dottore". Ma non provano il desiderio sessuale genitale. Tutte le manifestazioni amorose infantili di cui abbiamo parlato rientrano nelle fasi pregenitali della libido. L'eccitamento, i brividi, il sudore, il tremito, gli abbracci, i baci, sono tutte espressioni erotiche pregenitali».

«Non sapevo che ti fossi convertita alla psicoanalisi freudiana ortodossa. Ma se è così, preciserò il mio pensiero dicendo che innamoramento e sessualità genitale nascono separati, e si incontrano solo in seguito. Il desiderio di fusione fisica e psichica dell'innamoramento precede il desiderio di fusione genitale.»

«Ma, secondo gli psicoanalisti ortodossi», insiste lei, «l'innamoramento è sempre pregenitale. È un ritorno del desiderio di fusione con la madre, un esperienza che precede la stessa nascita. I tuoi bambini desiderano, dal loro innamorato, i contatti cutanei, i baci e gli abbracci che hanno sperimentato nel passato con la madre.»

«Però quella dell'innamoramento non è regressione, non è un tornare indietro. È il contrario della regressione. È quello che io ho chiamato "storicizzazione": un tornare nel passato per liberarsene, per andare verso il futuro, per creare qualcosa di nuovo, che non esisteva prima, una coppia. Non la coppia figlio-madre, ma una coppia diversa, che tende a sostituire la prima. L'innamoramento è la nascita di un "noi", di una collettività formata da due personalità distinte e di pari valore. Esse tendono a fondersi ma, nello stesso tempo, tendono a sviluppare le proprie potenzialità individuali. L'innamoramento è la nascita di una collettività entro cui ogni individuo rinasce.»

Ormai ho preso lo slancio e insisto. «La mamma e il neonato non sono una collettività. Lei è un mondo intero, da cui lui si differenzia. Solo due individui già formati possono produrre una collettività, una entità nuova entro cui essi diventano diversi da come erano prima. Gli amici formano una collettività con forti connotazioni morali. L'innamoramento produce una comunità estetica ed erotica che, in seguito, diventa anch'essa morale. E questo avviene già nell'infanzia.

«Poi, ad un certo punto, incomincia a svilupparsi l'impulso genitale. Ma questo impulso può restare separato dal mondo dell'amore. Una cosa che, almeno nella nostra società, avviene con una certa frequenza. E più nei maschi. Da un lato c'è l'amore, l'affettività e, dall'altro, la sessualità. Questo è particolarmente facile quando l'amore non è corrisposto. Allora il ragazzo fa le sue esplorazioni sessuali con i compagni e con immagini pornografiche adulte. Ma, forse, è meglio che io mi spieghi con un esempio concreto: David. David ha dieci anni e si è innamorato di Rosalyn che aveva già conosciuto quando aveva tre anni. Poi si sono persi di vista. Si sono ritrovati nella stessa classe, due anni fa, ed è stato "un colpo di fulmine", mi ha detto. È rimasto colpito dalla sua bellezza e dal suo carattere. Però non ha mai avuto il coraggio di dirle che gli piace, perché si vergogna. Cerca di starle vicino, di farle compagnia. Pensa continuamente a lei. La guarda quando è in classe, l'accompagna quando esce. È anche molto geloso quando la vede parlare con altri ragazzi. All'inizio dell'anno scolastico, ha chiesto alla sua compagna Letizia di scrivere un biglietto a Rosalyn per domandarle se voleva fidanzarsi con lui. Ma lei si è rifiutata di farlo. Alla fine la sua timidezza l'ha tradito. Rosalyn si è fidanzata con un altro. Lui ha sofferto e pianto. Però, nonostante lei abbia il fidanzato, lui non rinuncia al suo amore. Pensa che ci proverà l'anno prossimo. È sicuro che andranno nella stessa scuola media e, poiché non ci sarà il rivale, sarà la sua occasione.

«Della sessualità David parla solo con un amico di quattordici anni, che gli ha fatto vedere dei giornaletti pornografici. L'ha portato in un boschetto e glieli ha mostrati. Lui dice che gli hanno fatto schifo. Però sa che questo suo amico più grande e suo cugino fanno insieme "le cose" che ha visto su quei giornali. Lo fanno in casa, di nascosto, con altri ragazzi, quando i genitori non ci sono. Si toccano fra loro, si guardano il pene, si masturbano a vicenda, e praticano sesso orale. L'amico l'ha invitato ad andare con loro, ma lui ha rifiutato.»

«Un caso analogo è quello di Maurizio, che ha dieci anni», interviene Vieva, guardandoci un po' interdetta. Non comprende a che gioco sta giocando mia moglie. «Maurizio si è innamorato piano piano di Evelyn a sei anni, in prima elementare. Gli piacevano i suoi occhi. Le ha chiesto se volevano fidanzarsi, ma lei ha detto no. Lui l'ha sempre amata. Le mandava dei bigliettini con su scritto "mi piaci, ti vuoi fidanzare con me?". Ma niente, "lei non rispondeva". L'anno scorso, a nove anni, in quarta elementare, si è innamorato di Eleonora che ha la sua stessa età. Anche Eleonora è molto bella, ma anche lei gli ha detto no. È rimasto innamorato per un anno. Quest'anno ha ritrovato Evelyn ed "è tornato alla carica". Fa di tutto per piacerle. Le chiede se vuole giocare, le dice che è carina, è gentile nei suoi confronti, se i compagni la picchiano lui la difende, ma nulla.

«Parlando della sessualità, dice che a volte guarda i giornaletti pornografici con amici della sua stessa età e con altri più grandi. Poi si guardano nudi per vedere chi ha il pene più grosso e si toccano. Una volta per scherzo, lui e il suo gruppetto di amiconi si sono messi una maschera e, con una pistola di plastica, sono andati dal giornalaio. Hanno detto che era una rapina. Volevano farsi dare i manifesti delle donne nude. Il giornalaio ha capito la bravata, non ha chiamato la polizia, li ha lasciati andare. Maurizio sostiene che, facendo questi giochi sessuali con i compagni, si sente più grande. In classe lui e Riccardo toccano le bimbe per divertimento. Le toccano, poi scappano e ridono vedendo come si arrabbiano. Con orgoglio aggiunge che loro due sono "le due belve della classe".»

«Vieva, anche questo caso ci dimostra che l'impulso sessuale si sta sviluppando al di fuori dei rapporti amorosi, lontano dall'affetto, dalla tenerezza. Si sviluppa nel gruppo dei pari. Ma voglio farvi notare anche che, in queste esperienze sessuali maschili, l'amico del cuore non ha nessuna importanza. Sia David che Maurizio non guardano le riviste pornografiche con l'amico del cuore, e non fanno con lui giochi sessuali. Li fanno con amici più grandi, in gruppo. È un modo per tenere la sessualità totalmente separata da qualsiasi tipo di legame affettivo, per svilupparla da sola. A questo può servire il rude cameratismo, l'impersonalità del gruppo.

«Aggiungerei che questo è più facile dopo una frustrazione amorosa. Nei miei studi sull'amore ho trovato molti uomini che hanno sviluppato una sessualità separata dall'amore proprio dopo una grave delusione. Non pensavo che questo processo potesse incominciare così presto. Forse gli amori e le frustrazioni infantili hanno degli effetti a lungo termine, molto più importanti di quanto noi non possiamo immaginare.»

Innamoramento infantile e adulto

«La provocazione è servita», fa Rosa ridendo. «Hai chiarito il tuo pensiero. A questo punto, però, tutti dovreste precisare che differenza c'è fra l'innamoramento infantile e quello adulto. Provo a riassumere quello che ho capito. Nell'innamoramento infantile c'è il desiderio, la passione, la felicità e l'infelicità, ma non c'è ancora l'esperienza completa dello stato nascente, la fuoruscita della vecchia società e la rinascita di se stessi in una nuova. Non c'è ancora, per usare le tue espressioni, "la visione di un ideale infinitamente migliore dell'esistente, l'avvento di un nuovo cielo e di una nuova terra". Giusto?»

«Sì, c'è l'amore, anche l'amore intenso» rispondo. «Ma non c'è la rivolta, la rottura col passato come avverrà in seguito, nell'adolescenza. Perché i bambini, dipendendo dai loro genitori, non possono organizzare come vogliono la propria vita. Sono questi che determinano, circoscrivono il loro mondo. Di chi si innamorano? Di un compagno di classe, oppure di uno conosciuto in vacanza. Ma, quando cambiano classe o la vacanza termina, non possono più rivederlo e finiscono per dimenticarlo. I bambini sanno che non possono determinare il corso della loro vita, che non possono continuare una relazione, contando solo sulle loro forze. E non provano nemmeno a farlo.»

«Eppure considerano importanti le loro esperienze amorose, le prendono sul serio, hanno il batticuore, soffrono. Le difendono gelosamente dalle intrusioni esterne con la complicità dell'amico del cuore, che tiene il segreto. Non possono ricostruire il mondo attorno al nuovo oggetto d'amore, però il loro innamoramento non è affatto una semplice simpatia. E non lo chiamerei nemmeno una cotta perché, spesso, dura a lungo. A parte pochi casi, i bambini non sono capricciosi, volubili. Lo sono da piccoli, fin verso i cinque, sei anni. Ma a nove anni appaiono stranamente maturi, posati. Le loro amicizie sono stabilissime, i loro amori ben fondati.»

«Il bambino», continuo io con tono pacato, «verso i nove, dieci anni trova un punto di equilibrio fra autonomia e dipendenza. Ama i genitori ma, nello stesso tempo, ha altri affetti solidi che non sono in conflitto con i primi. È come se – perdonami, Vieva, so che l'immagine non ti piace – fosse già un piccolo adulto. Questa impressione di maturità, di serietà deriva dal fatto che hanno come modello gli adulti. I nostri bambini, in campo amoroso, usano per esempio la parola "fidanzato", parola che non useranno più nell'adolescenza. Alcuni di loro pensano già di sposarsi, di avere dei bambini. Sono idee e comportamenti che hanno appreso dagli adulti. Il bambino vive nel mondo dell'adulto, ha come riferimento l'adulto, lo ammira, si identifica con lui e, quindi, vuole essere come lui. E tieni presente che l'adulto gli mostra le parti più positive, più coerenti di sé, perché vuol presentarsi ai propri figli in modo positivo, esemplare. E il bambino, che è un osservatore formidabile, cerca di adeguarsi ad un ideale di adulto serio, morale, perbene. Ecco perché ci sembra così "maturo".»

«Un'altra caratteristica dell'amore infantile, che ce lo fa apparire serio, è la sincerità» aggiunge Vieva. «Provano un sentimento intenso, vibrante, ma non sanno se saranno ricambiati, non sanno nemmeno decifrare l'intenzione dell'altro. Hanno paura di esporsi, paura di essere rifiutati. Si sentono fragili, indifesi. Perciò, come abbiamo visto, si difendono con la timidezza, con la vergogna.»

«E in questo campo non sanno fingere», incalzo io. «Mentre sanno mentire benissimo ai genitori, s'inventano delle storie quando vogliono attirare la loro attenzione. Ma, quando sono travolti da emozioni sconosciute, sono smarriti, perciò non riescono a mentire. Non riescono nemmeno a mettersi in mostra, a corteggiare, a giocare il gioco della seduzione. Non sanno ingannare per sedurre, non sanno mettere in scena sentimenti che non provano. Sono condannati alla sincerità.»

«Forse è per questo che ci piacciono tanto i bambini, che ci commuovono», fa Vieva. «Perché sono sinceri, onesti anche quando non vogliono esserlo. Perché prendono sul serio noi adulti, prendono sul serio le nostre dichiarazioni, la nostra moralità.»

«Sai, Vieva, io ho sempre studiato il vero innamoramento, perché è uno dei pochi momenti in cui l'adulto è costretto alla sincerità. Perché la verità dei suoi sentimenti gli s'impone. Normalmente inganniamo noi stessi, inganniamo gli altri. Fingiamo, mettiamo in scena emozioni che non proviamo, come avviene nella contrattazione degli affari, nella politica. Solo nel grande amore non possiamo fingere e dobbiamo dire, piangendo, "mi arrendo, ti amo". Solo nel grande amore dimentichiamo il nostro orgoglio, il nostro potere, la nostra presunzione, perché sappiamo che non possiamo fare nulla per guadagnarci l'amore del nostro amato. Dipendiamo da lui, da una sua parola e viviamo di speranza. Il grande amore è sempre dono, grazia.»

Vieva sorride: «Ecco perché hai voluto studiare l'amore nei bambini. Perché i bambini conoscono questa verità. Amano a distanza, col batticuore. È un amore fatto di speranze, di sospiri, di sogni, di attesa».

«Ogni amore, prima di essere ricambiato, è platonico, romantico. I bambini sono romantici, gli ultimi romantici.»

PARTE SECONDA

L'adolescenza e la giovinezza

CAPITOLO SESTO

Nuovi amici e nuovi amori

L'ingresso

Sono nello studio della mia casa di Milano. La dottoressa Scramaglia mi ha fatto avere i dati della ricerca sui ragazzi delle scuole medie e dei giovani universitari.

Più analizzo i dati ed osservo i grafici, più mi convinco che l'uscita dall'infanzia e l'ingresso nell'adolescenza non è solo un problema di età cronologica e di evoluzione emotiva e mentale. È, prima di tutto, un passaggio sociale. È l'ingresso in una nuova comunità. Si ripete quanto è accaduto quando il bambino è entrato nella scuola materna e, poi, nella scuola elementare. Ora l'ingresso avviene nelle scuole medie. In altre società, con un diverso sistema scolastico, i riti di passaggio sono diversi, ma esistono comunque. E si tratta sempre di un mutamento brusco, il distacco da un mondo noto e superato e l'ingresso in un altro mondo che appare, ad un tempo, sconosciuto e affascinante.

Ogni volta si ripete lo schema della nascita. L'individuo che cresce non può più restare nell'angusto contenitore in cui ha vissuto fino a quel momento. Dentro di lui sorge, a poco a poco, una spinta insopprimibile a uscire. E, quando finalmente fuoriesce, prova un senso di paura, ma anche di liberazione. Freud ha sbagliato vedendo nel trauma della nascita solo il prototipo dell'angoscia.[11] La nascita è anche fuoruscita, respiro, movimento, libertà. E, ogni volta che questa esperienza si ripete, l'individuo da un lato si sente attratto dal passato famigliare e sicuro ma, nello stesso tempo, capisce che il nuovo mondo è la sua vera patria, il luogo a lui destinato. E, mano a mano che avanza, diventa più forte, più sicuro e si distacca emotivamente dal mondo antico che, fino ad allora, gli era parso l'unico luogo vivibile.

Il rapido mutamento che avviene, nel corso di pochi mesi, nel passaggio dalla scuola elementare a quella media, è ben illustrato da questo caso raccontatomi da una madre.

«Margherita ha solo dieci anni ma, poiché ha incominciato le scuole in anticipo, è già in prima media. Finite le elementari ha insistito per continuare gli studi nella stessa scuola. Così ha ancora gli stessi compagni, studia nello stesso edificio, mangia nella stessa mensa e gioca nello stesso cortile. Eppure, moltissime cose sono cambiate. E sono cambiate nel giro di pochi mesi, talvolta di pochi giorni. Anche se nel nuovo ambiente, fisicamente e come età, è la più piccola. Però, fin dal primo giorno di scuola, l'ingresso nella scuola media l'ha fatta sentire grande. Non va più a giocare con i bambini delle elementari, non siede più nemmeno nella parte del cortile dove siedono loro. Nessun ragazzo delle medie si sognerebbe di andare in mezzo ai piccoli.

«I comportamenti di Margherita sono cambiati, e di molto. Fino all'anno scorso, si infilava nella cartella bilie e figurine dei film di Walt Disney. Quest'anno, nasconde furtiva il mangiacassette con le cuffie. Viene a casa con le cassette che le hanno prestato le sue amiche. Loro, mi dice, vanno pazze per Celine Dion, una cantante di cui non avevo mai sentito parlare. "E chi è?", le chiedo. Lei alza gli occhi al cielo con una espressione di compatimento e di rimprovero. Ma non le basta ascoltare le cassette mentre cammina. A casa, quando fa i compiti, accende la radio a pieno volume, scegliendo da sola le stazioni che trasmettono la sua musica preferita. Dice che con la musica studia meglio. Anch'io vorrei alzare gli occhi al cielo. Ma non lo faccio. Voglio vedere dove la porta questo cambiamento improvviso.

«Domenica scorsa, sistemando la cartella, ha voluto infilare le penne in una scatola di lamiera, che non riusciva a chiudere. Non vuole più l'astuccio che le avevo comperato all'inizio dell'anno e che le piaceva molto. Perché? Perché, adesso, le sue compagne hanno tutte un astuccio di ferro. Non vuol nemmeno più le merendine e i succhi di frutta che ha sempre portato da casa, ma acquista i buoni per i panini venduti a scuola, come fanno gli altri.

«Ha cambiato anche gusto nell'abbigliamento. Non vuol più vestirsi come prima, preferisce quello che le consigliano ed indossano le amiche. A me piacerebbe che portasse ancora i vestitini a punto smock, ma ho dovuto rinunciare, vedendo quanto soffriva ad indossarli. E ho pure rinunciato a farle portare il giacchino di panno chiaro, perché lei, appena arriva vicino a scuola, se lo toglie, lo arrotola e lo infila nella cartella. Così, mi dice, le sue amiche non lo vedono. Per Natale ha chiesto a suo padre che le comperassimo degli scarponcini di una marca a noi sconosciuta. Pare che siano di gran moda. Infatti ne è orgogliosa, perché ha avuto il plauso dei suoi compagni. Ha tolto dagli armadi le felpe e i pupazzi, e ha chiesto alla nonna di comperarle "qualsiasi cosa purché sia nera". La scorsa settimana le ho preso una tuta nera con cuoricini rossi. È tornata a casa raggiante. "Sai, mamma, che le mie amiche, quelle che mi dicevano che vestivo ancora da bambina, oggi mi hanno detto che sono OK."

«Ma non è finita qui. Ora si è messa in testa che deve rieducare me. Pochi giorni fa stavo preparandomi per uscire. Margherita è piombata in camera mia con una determinazione da adulta e, con tono serio, mi ha detto: "Mamma, se devi uscire, è meglio che ti consigli io cosa indossare, perché tu sarai elegante, ma io sono moderna". E intanto apriva l'armadio ed i cassetti, dicendomi cosa andava bene e cosa era sbagliato. Poi cercava di abbinare tessuti e colori, in modo da rendermi presentabile. Anche i miei capelli non le piacciono più. Prima era fiera dei miei lunghi capelli biondi. Ora mi dice di tagliarli, di cambiare colore e di pettinarmi in un altro modo. Cerca di portarmi nel suo mondo, nel mondo delle sue amiche, aggiornandomi sulle canzoni, sulla moda. Ma cosa succederà quando capirà che non posso seguirla, che siamo diverse? Allora si staccherà da me e da suo padre. Reciderà quel filo già logorato in tanti punti.»

«Ma questi suggerimenti le sono venuti da una amica particolare, dall'amica del cuore o dal gruppo delle amiche più grandi?» ho chiesto io.

«Margherita non ha mai avuto una unica amica del cuore. Ora ha conosciuto Silvana, una nuova compagna molto affettuosa, e ha smesso di frequentare quelle delle elementari. Ma non credo sia Silvana quella che le dà i suggerimenti e critica il suo abbigliamento. O, perlomeno, non è solo lei. Con lei ne discute.»

«E per quanto riguarda l'amore?»

«Anche qui c'è stato un cambiamento. Lo scorso anno le piaceva Gabriele, un bambino piccolo, biondo, con i capelli a caschetto e gli occhi furbi. Era suo compagno da sempre, ma non me ne aveva mai parlato. L'ho capito perché un giorno, andando a prenderla a scuola, vedo che non cerca me, ma qualcun altro nel gruppo dei compagni. Esita, non vuole allontanarsi. Io le faccio segno che ho fretta, ma lei non si muove. Solo quando esce Gabriele mi si avvicina agitata. Ha il volto rosso fuoco e mi chiede di non tornare a casa con la metropolitana, come al solito, ma con il tram, perché lo prende Gabriele. La vedo così imbarazzata e intimidita che non oso dirle di no. Margherita è decisa come non mi sarei mai aspettata. Mentre il bambino si avvia verso la fermata del tram, lei lo segue, lo raggiunge e gli parla.

«Però quest'anno, già uno dei primi giorni del suo arrivo in prima media, mi ha detto che Gabriele non le piace più, e che si è innamorata di un bambino di seconda. Si chiama Luca, è più grande di lei, bellissimo, biondo, con gli occhi azzurri. È stato un colpo di fulmine. Di lui parla con la sua amica del cuore, Silvana. Durante la ricreazione, con la complicità di Silvana, è riuscita perfino a diventare amica di una bambina di seconda. E da lei si è fatta raccontare tutto ciò che sa su Luca. In seguito le cose non devono essere andate per il verso giusto, perché ha smesso di parlarmi di lui. Un mese dopo mi ha detto, con tono atono, che le piace ancora Gabriele. Ma è diventata avara di parole. Non ha più voluto dirmi nulla delle sue vicende sentimentali. Se chiedo, svicola, cambia discorso. Ed io non insisto.»

Nuovi amici e nuovi amori

Mi alzo dalla scrivania e, senza accorgermene, mi trovo sul terrazzo. È pieno di fiori. Ci sono delle poltroncine bianche. Mi siedo e guardo gli oleandri.

È proprio vero, mi dico, tutti, per penetrare un nuovo mondo abbiamo bisogno di un aiuto, di un compagno, di qualcuno che ci assista. Tre sono le figure fondamentali dell'iniziazione: il Maestro, colui che sa, guida e non sbaglia. L'Amico, il compagno di caccia e di guerra, colui che ti sta a fianco, che ti aiuta, ed è leale. E, infine, la persona che ti piace, quella di cui ti innamori, e con la quale puoi creare una comunità erotica: l'Amato. A tutte le età – alla scuola materna, alla scuola elementare e alla scuola media – il ragazzo e la ragazza troveranno un nuovo maestro, un nuovo amico e un nuovo amore.

Alle scuole elementari spesso il Maestro è il genitore o l'insegnante stesso, mentre l'amico è colui a cui confidi i tuoi segreti e che protegge la tua fragile intimità. Nella scuola media, invece, sia il genitore che l'insegnante sono meno importanti. È il gruppo stesso dei pari che indica, che guida. Il ragazzo osserva i suoi compagni, apprende da loro, li imita perché vuole essere compartecipe e coartefice della nuova vita sociale. Ma la nuova comunità è troppo diversa, troppo ampia, troppo piena di insidie perché un bambino possa affrontarla da solo. Gli serve qualcuno di cui si può fidare completamente, l'amico del cuore. Ma non gli basta che lo ascolti, che lo protegga. Il mondo preadolescenziale è più complesso, più dinamico, più irrequieto, più imprevedibile di quello infantile. L'amico deve andare in avanscoperta, deve essere anche lui un esploratore, svolgere in parte anche la funzione di modello.

Sono tornato alla mia scrivania rimuginando questi pensieri. Guardo e riguardo con attenzione i dati percentuali della ricerca con questionario[12] e mi accorgo che, effettivamente, in un certo numero di casi, la configurazione dell'amico del cuore è cambiata:

Dell'amico del cuore	elementari	medie inf.
Posso fidarmi	91	95
Mi racconta i suoi segreti	77	84
Lo preferisco agli altri	61	74
Mi crede in tutto	50	59
È il più in gamba	17	33
Cerco di essere come lui	12	19

Non ci sono dubbi. Il bambino delle elementari, quando descrive le caratteristiche dell'amico del cuore, non dice che vorrebbe assomigliargli, ma che lo preferisce agli altri perché se ne può fidare. Non vuole che sia «il più in gamba». Apprezza le sue qualità morali, le sue virtù personali, non le sue qualità o le sue abilità sociali. Invece, quando entra nella scuola media, sceglie sempre un compagno di cui fidarsi, ma si aspetta anche che sia più abile, moderno, superiore agli altri.

Se ora passiamo agli amori vediamo che, spesso, gli innamoramenti delle elementari svaniscono con il passaggio alla scuola media e ne nascono dei nuovi. E il nuovo ambiente, le nuove amicizie, il nuovo amore appannano nella memoria quelli antichi, li svalutano. Il preadolescente tende a prendere distanza dalle proprie esperienze infantili e giudica importanti solo le esperienze amorose che sta vivendo in quel momento.

Ludovica ha dieci anni e l'anno scorso, in quarta elementare, si è innamorata di Cesare, che ha la stessa età. Lo conosceva fin dalla prima elementare, erano amici, si incontravano al basket. Cesare, ad un certo punto, le ha chiesto «se si voleva mettere con lui». E lei ha risposto di sì perché le piaceva già da un anno. Si sono fidanzati. Stavano in giardino, giocavano e parlavano. Si davano i baci sulla guancia perché lei ne aveva parlato con papà e lui le aveva detto «che erano troppo piccoli e non dovevano darsi i baci sulla bocca». Quest'anno, però, Cesare è passato alla scuola media e la bambina dice, con mestizia, che non la guarda più perché ha le sue nuove amicizie. Cesare conferma il racconto di Ludovica. È tutto preso da una nuova bambina che ha appena conosciuto a scuola. Ricorda Ludovica, sostiene che sono amici, ma che ormai lui è cresciuto. E aggiunge che quella con Ludovica è una cosa passata, di poca importanza, perché erano piccoli.

Risolviamo il mistero del «primo amore»

Mi raggiunge mia moglie. Porta un vassoio con due tazze di tè. Si siede al mio fianco.

«Qual è il problema che ti cruccia?»

«Devo stabilire qual è il primo amore e le risposte che ottengo sono contraddittorie. Guarda questo grafico.»

«Sembra una catena di montagne, con tre vette.»

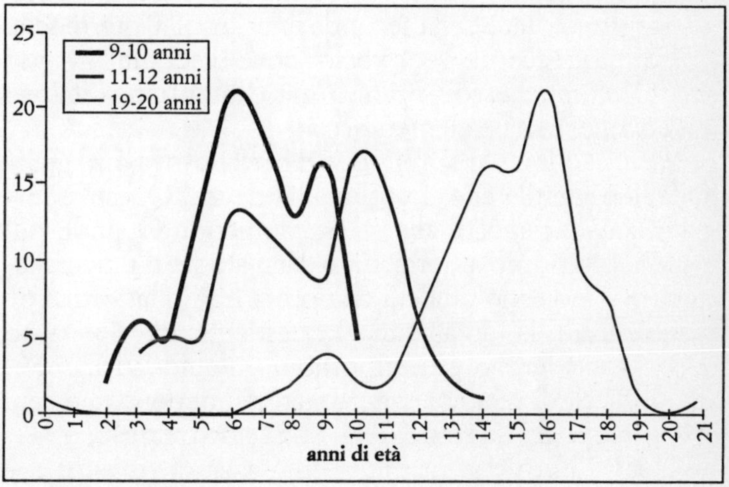

«Infatti. Ma non sono montagne. Sono le risposte alla stessa domanda che abbiamo fatto ai bambini delle ultime due classi elementari, a quelli delle scuole medie inferiori e ai ragazzi e alle ragazze dell'università. I primi hanno nove e dieci anni, i secondi undici-dodici, e gli altri venti. La domanda era: Quando hai avuto il primo amore?»

«E cosa hanno risposto?»

«I bambini di nove e dieci anni hanno dato le risposte riportate nella linea più spessa a sinistra, quella che forma la prima vetta. In sostanza dicono che il primo amore lo hanno avuto soprattutto a sei anni. Per questo la prima vetta è sui sei anni.»

«E i ragazzini e le ragazzine di undici e dodici anni?»

«Questi, invece, solo in parte ci rispondono che lo hanno avuto a sei anni, la maggioranza dice che lo ha avuto a nove e dieci anni. Cioè chiamano "primo amore" quello che stanno vivendo in questo momento. Il fenomeno è rappresentato dalla seconda linea, quella intermedia, che forma la seconda vetta verso i nove-dieci anni.»

«Cos'è successo? Hanno già dimenticato il loro primo amore delle elementari?»

«Probabilmente sì. E, per averne la prova, ora guarda la linea sottile che si prolunga a destra. Questa è formata con le risposte alla stessa domanda Quando hai avuto il tuo primo amore? date dagli studenti universitari. E loro indicano una età compresa fra i quattordici e i sedici anni. È la terza vetta. A questa età non ricordano o non considerano più importanti gli amori dell'infanzia, di dieci, di sei anni. Interrogati rispondono che "era una bambinata, una stupidata, una sciocchezza".»

Rosa è perplessa, si versa una tazza di tè e poi domanda: «Cosa succede in seguito? Cosa rispondono le persone più adulte?».

«Facciamo la prova su noi stessi. Tu quando collochi il tuo primo amore?»

«Quando frequentavo le elementari, c'era un mio compagno di classe che mi mandava dei bigliettini "Ti amo, vuoi fidanzarti con me?". Io non gli rispondevo, però ero compiaciuta della sua attenzione. Poi verso gli undici anni, durante una festa, ho preso una cotta per un ragazzo di sedici anni che faceva la corte ad una mia cugina. Ma era un amore impossibile. Mi usava come postino per la sua amata. Non lo considero il primo amore. Ho poi avuto un'altra cotta a diciotto anni, un amore a distanza, non importante. Invece mi sono innamorata profondamente a Milano, quando avevo ventuno anni. Questa è stata una cosa veramente significativa. È questo di Milano il mio vero primo amore.»

«Vedi? Tu hai spostato l'età ancora più avanti. Anch'io mi sono innamorato follemente a ventuno anni e considero questo il mio primo vero amore. Gli altri mi sembrano delle cose prive di importanza, delle cottcrelle. Sai, Rosa, io ritengo che siamo giunti ad un importante risultato con questa ricerca. Siamo partiti domandandoci: Qual è il primo amore? Quello dell'infanzia?, quello della preadolescenza, o quello della adolescenza?. Bene. Ora abbiamo la risposta: tutti e tre. Non c'è un primo amore assoluto. Ad ogni passaggio cruciale della nostra vita noi abbiamo un nuovo amore. E questo, ogni volta, ci appare più importante, più autentico di quelli precedenti. Perciò siamo portati ad indicare come "primo amore" quello che è più vicino, e quindi più vivo in quel momento. Poi ricordiamo alcuni amori particolarmente intensi che hanno inciso profondamente sulla nostra vita. Oppure quelli che ci hanno fatto soffrire. O che continuano a farci soffrire. L'amore resta, in questo caso, come una grande ferita dolorosamente viva, come un grande compito interrotto che aspetta la sua soluzione. E la soluzione, di solito, ci è data soltanto da un altro innamoramento della stessa intensità. Allora il primo viene come svuotato di importanza, e passa a far parte delle cose compiute della vita. Quindi la regola non cambia: l'amore è solo ciò che proviamo adesso, sia esso gioia o sofferenza.»

«Perché questo strano fenomeno non si presenta nell'amicizia?»

«Per comprenderlo dobbiamo ricordare alcuni elementi essenziali della teoria dell'innamoramento. Nel processo di innamoramento, soprattutto quando è intenso, cioè quando si è acceso il processo di stato nascente, avviene un vero e proprio rifacimento del passato, grazie al meccanismo di storicizzazione.[13] Nell'innamoramento noi diventiamo diversi, acquistiamo una nuova identità. Ora la nostra identità è costituita da ciò che siamo stati, da ciò che abbiamo vissuto. L'innamorato deve diventare un individuo nuovo. Per questo rivive il suo passato, lo vede con occhi diversi, lo giudica, lo reinterpreta. Se soffriva ancora per la delusione subita, ora si accorge con stupore che è guarito. Ha svuotato il passato della sua forza di attrazione, se ne è liberato. I due innamorati, infine, vogliono fondersi l'uno con l'altro. Vogliono mettere in comune non solo il presente, ma anche tutto ciò che hanno vissuto. Infatti restano insieme ore ed ore, e ciascuno sente il bisogno di raccontare all'altro la propria vita, le proprie esperienze. Perché vuole che l'amato veda le cose, il mondo così come le ha viste lui. In questo modo, il passato viene letteralmente rifatto, i vecchi amori svaniscono e l'ultimo appare come l'unico importante.

«Il proverbio dice che il primo amore non si scorda mai. Non è vero. Il passato viene continuamente rielaborato. Il primo amore perciò si scorda, perché la memoria colloca gli amori passati nel serbatoio della dimenticanza per far posto e dare splendore a quello presente. Concludendo, ciò che ci dicono gli adulti dei loro amori infantili è quasi totalmente privo di attendibilità.»

CAPITOLO SETTIMO

L'internazionale dei giovani

Amore divistico

Mi trovo con mia moglie nello studio televisivo di Canale 5. Ad un certo punto, sentiamo un gran chiasso. Dalle vetrate vediamo arrivare un centinaio di ragazzine urlanti. Non si curano di ciò che incontrano sul loro cammino, travolgono tutto, urtano le persone. Arrivate ad una transenna, si aggrappano ai tralicci, sudate, i volti congestionati, gli occhi sbarrati. Lanciano tutte insieme delle grida acute, altissime. Grida inconfondibili, perché uniscono in sé il timbro acuto del bambino, qualcosa dell'animale e della determinazione del fanatismo adulto. Sono le stesse grida che lanciavano quarant'anni fa le adolescenti impazzite per Elvis Presley.[14] O quelle che si possono sentire nel film *Il padrino*, quando arriva il cantante. Sono identiche in tutto il mondo. Sono grida di eccitazione e di adorazione, le grida delle baccanti al contatto col loro dio.

Uscendo, nel cortile, dietro la siepe di adolescenti, scorgiamo i loro genitori. Aspettano silenziosi, sconcertati, pazienti. Sto chiamando un taxi, quando uno dei genitori si avvicina a mia moglie e le dice: «Cosa vuol farci, signora, è l'età. Aspettano i Take That, quel gruppo musicale inglese». Era un po' imbarazzato, rassegnato. «Sapesse che scene, che pianti ha fatto mia figlia per poter venire a vedere il suo idolo. Finché non ho ceduto e l'ho accompagnata.»

Saliamo in taxi, andiamo verso casa. Mia moglie, quando siamo in taxi preferisce stare zitta. Guarda fuori dal finestrino. Non le piace parlare di cose importanti in presenza di un estraneo. Ogni tanto sollecita il tassista a raccontare le sue esperienze quotidiane sul lavoro. Dice che i tassisti sono un termometro degli umori della città.

Io torno con il pensiero alla mia ricerca. Nei casi e nei dati riguardanti l'infanzia, non ho mai riscontrato un comportamento così scatenato, estroverso. Le bambine avevano paura di rivelare i propri sentimenti. Erano timide, riservate. Di solito, parlavano dei loro amori solo con le amiche del cuore e con l'impegno di tenere il segreto. Non avrebbero mai fatto in pubblico una scena simile a quella che ho appena visto.

Queste ragazzine di tredici-quattordici anni sono completamente diverse. Non hanno più paura, non hanno più vergogna. Hanno perso ogni timidezza, ogni ritegno. Sono pronte a fare qualsiasi cosa. Possono farlo perché non sono più isolate. Sono unite da una stessa meta, da una stessa credenza, una stessa fede. Hanno delle certezze assolute. La forza che le anima, che le trascina non è individuale, è collettiva. L'amore divistico è un prodotto della cultura giovanile. I Take That (come per i loro padri e le loro madri sono stati i Beatles, i Rolling Stones, i Pink Floyd) oggi sono i loro poeti, i loro eroi, i loro profeti, i loro filosofi, i loro leader culturali.[15] Queste ragazzine urlanti fanno parte di una comunità, di un popolo, e inneggiano ai loro condottieri, ai loro idoli. È per questo che non hanno più vergogna, più paura e diventano capaci di ribellarsi alle costrizioni emozionali della famiglia, degli adulti.

L'interesse per i divi incomincia molto presto, già nell'infanzia. Perché i divi sono i personaggi noti a tutti, grandi e bambini. Sono gli eroi del nostro tempo. La metà dei bambini, dei ragazzi e delle ragazze di scuola media inferiore e superiore dichiarano di avere una passione per un divo. Nei bambini questa passione non ha carattere erotico. Nelle adolescenti l'assume con il passare degli anni.[16]

I maschi sono più interessati ai campioni sportivi del loro stesso sesso. Oppure alle bellone del cinema e della Tv. Le ragazze ai cantanti. Inoltre, a partire dalla preadolescenza aumenta l'interesse erotico per gli attori, soprattutto per gli attori dei loro spettacoli preferiti. I maschi guardano la bellezza, il corpo. Sono attratti dalle top model, da alcune attrici provocanti.

Nelle ragazze, invece, entrano in gioco valutazioni più complesse, come la personalità, l'abilità, il contenuto delle canzoni. In alcuni casi il divo non è solo ammirato, è amato, sognato come l'uomo ideale. Quello che vorrebbero come marito e amante, quello per cui lascerebbero il padre e la madre. È il primo vero grande amore che resta a livello di fantasia.

Quando l'erotismo si sveglia nelle giovani donne, tende immediatamente verso l'alto, elegge come proprio oggetto del desiderio il migliore, colui che tutti amano e ammirano. C'è, nelle giovani donne, un'energia erotica traboccante, che cerca un oggetto adeguato, meritevole, degno. Questa energia non riesce a riconoscersi pienamente nei coetanei e nei ragazzi che incontrano nella realtà. Aspira a qualcosa di più elevato, e lo trova in quei personaggi che costituiscono i leader, la guida culturale del loro popolo.[17]

L'internazionale giovanile

Nell'adolescenza entrano dunque in scena, con irruenza, nuovi fattori. Il *primo*: la crescita del corpo, che incomincia ad assumere il suo aspetto adulto. L'adolescente, rispetto al bambino, è già un gigante, e un gigante che cresce. Per molto tempo i ragazzi non diranno «è più vecchio di me», ma «è più grande di me». Il corpo adulto è la base fisica della propria autonomia. Con esso puoi opporti agli adulti, puoi lavorare, renderti indipendente, sopravvivere da solo. Per il bambino questa possibilità è lontana, per l'adolescente vicina. Sempre più vicina con il passare dei giorni, dei mesi.

Il *secondo* fattore è la maturazione sessuale, prodotta dallo sviluppo ormonico, che riplasma il corpo e fa nascere nuovi e specifici desideri. Il bambino desidera e prova piacere ad essere baciato, accarezzato. Prova curiosità sessuale, prova piacere genitale nella masturbazione, ma non sa cosa sia l'orgasmo: quella crescita parossistica della tensione e del desiderio che, poi, si scarica in un oceano di piacere convulso. Nella adolescenza la sessualità si presenta sotto forma di onde di eccitamento e di attrazione, sotto forma di struggimento e di languore.

Il *terzo* fattore è l'emancipazione sociale dalla famiglia, che si manifesta sotto forma di conquista della propria autonomia interiore, dei propri gusti. Si manifesta come opposizione, come rivolta verso ciò che pensano, vogliono, programmano i genitori. Anche il bambino dice di no, ma si trova isolato. Il gruppo degli amici, a meno che non sia formato anche da ragazzi e ragazze più grandi, è troppo debole per opporsi alla volontà degli adulti. Non ha propri valori, propri ideali. Li prende dal mondo adulto. Il gruppo degli adolescenti è più forte, e offre al soggetto una comunità alternativa alla famiglia. Gli amici, il gruppo, la banda, sono i luoghi da cui l'adolescente prende nuovi modelli e riplasma la sua concezione del mondo. Nessun individuo può elaborare da solo una concezione ed un progetto del mondo. Può farlo solo entro una comunità. Gli adolescenti sono già in condizione di creare una comunità.

Il *quarto* fattore, forse il più importante, è l'ingresso nella società giovanile. Un tempo la comunità degli adolescenti era circoscritta, locale, e costituiva comunque una preparazione per l'ingresso nel mondo adulto. I riti di passaggio di tutte le società primitive facevano dell'adolescente, in pochi mesi, una potenziale madre o un potenziale guerriero. Nel mondo moderno, invece, si è costituito qualcosa di completamente nuovo. Una comunità giovanile internazionale separata, con propri valori, stili di vita, gusti, musica, leader, eroi. Arrivati a undici-dodici anni il ragazzo e la ragazza non bussano alle porte del mondo adulto, entrano in questa società costituita tutta da giovani. Il passaggio è rapidissimo. Nel giro di pochi mesi vestono nello stesso modo, ascoltano la stessa musica, hanno gli stessi idoli dei loro coetanei che abitano a Sydney, a Taiwan, a Mosca o a New York.

La formazione di questa internazionale giovanile è incominciata nei Paesi anglosassoni alla fine degli anni Cinquanta e nei primi anni Sessanta con i grandi movimenti collettivi: beat, hippy e studentesco.[18] Quei movimenti sono terminati, ma è rimasto il loro deposito istituzionale o, meglio, il loro guscio vuoto. Essi rifiutavano il mondo adulto per creare un mondo di felicità e di pace, dove tutti fossero fratelli. Sognavano la fine della preistoria e l'avvento della redenzione, della libertà e della giustizia. Cercavano anche di anticiparlo, in parte, nelle loro comuni. Poi questo sogno è scomparso, ma è rimasta la separazione dal mondo adulto. Sono arrivati altri movimenti minori. Ma ciascuno, come un sasso gettato nell'acqua, ha creato attorno a sé una moda, un modo d'essere. Onde culturali, parole d'ordine, diffusione della droga, ma soprattutto musica. Dopo il rock di Elvis Presley, la musica dei Beatles e dei Rolling Stones, sono nati e confluiti il rap di Bob Marley, la musica punk e tutte le altre mode musicali fino ad oggi. Lo stesso si può dire delle mode dell'abbigliamento, del ballo, dell'uso della droga, degli orientamenti ecologici.

Alle spalle del mondo giovanile si è costituito un enorme sistema economico-finanziario di dimensione mondiale, che detiene e gestisce i mezzi di comunicazione di massa, gli spettacoli e i consumi. L'internazionale giovanile è ormai una Grande Istituzione capace di assorbire i movimenti di piccole e medie dimensioni. Ha assunto alcune proprietà delle civilizzazioni culturali.[19]

L'internazionale giovanile non esiste in Paesi come l'Iran di Khomeini o la Libia di Gheddafi, come non esisteva nell'Italia di Mussolini, nella Russia di Stalin, nella Cina di Mao. Ma nemmeno in Inghilterra o negli Stati Uniti durante la seconda guerra mondiale. Perché allora tutti i cittadini, dal bambino al vecchio, partecipavano degli stessi valori, avevano gli stessi ideali, innalzavano le stesse bandiere, cantavano gli stessi inni.

I leader culturali carismatici di questa internazionale giovanile sono gli attori, gli sportivi, i comici, i cantanti che danno forma espressiva ai loro sentimenti, ai loro pensieri, ai loro problemi. Essi sono i loro poeti, i loro profeti, i loro eroi ed i loro filosofi. I ragazzi bevono le loro parole, si identificano con loro e li adorano. Essi soli sono autorevoli, ascoltati e creduti. I genitori e gli insegnanti possono dare ordini, ottenere ubbidienza perché hanno un potere di coercizione, ma non possono competere con loro sul piano del credito, del prestigio e dei valori.

Il gruppo di giovani che si riunisce per chiacchierare o bighellonare non è più una comunità isolata, come poteva essere una banda di vicinato del tipo descritto da William Foote White in *Street Corner Society.*[20] È una emanazione, una succursale, una cellula dell'internazionale giovanile da cui riceve in continuazione informazioni, direttive, modelli, parole d'ordine. Un adolescente, inserito in un qualsiasi gruppo, sa, nel giro di pochi giorni, quali sono le musiche, i film, gli spettacoli televisivi da guardare. Che tipo di zaini, di camicie, di scarpe si portano. Se la mamma gli compera l'agenda, il disco o la tuta che piacciono a lei, c'è subito qualche amico che gli dice che sono fuori moda.

Ciò che caratterizza l'adolescenza non è perciò un conflitto fra l'individuo e la famiglia, fra il bisogno di dipendenza e quello di autonomia. Il conflitto, fra il mondo giovanile e quello adulto è globale. I ragazzi camminano nel mondo adulto della Scuola, dello Stato, della Famiglia, della Legge, dell'Economia, della Professione come dei clandestini, dei prigionieri o degli esiliati. A scuola ascoltano pigramente le lezioni che restano loro estranee e che rapidamente dimenticano. Non leggono i giornali, non leggono i libri, non guardano né i film, né gli spettacoli televisivi degli adulti. Si barricano nella propria camera, piena dei poster dei loro eroi e dei loro capi, camminano per strada isolati, curvi, immersi nella loro musica. Si risvegliano solo quando si ritrovano fra di loro, in discoteca o al pub, la notte. Allora finalmente assaporano l'ebbrezza di assieparsi l'uno contro l'altro, la beatitudine di esistere come un unico corpo collettivo danzante.

Quale è la funzione di questa separazione, di questa autosegregazione rispetto agli adulti? Quella di potere sviluppare proprie forme di arte, di pensiero indipendentemente dal mondo dei padri, senza subire la loro guida e le loro indicazioni. È solo così che i giovani hanno la possibilità di innovare, di creare il nuovo. Nelle società primitive ed in quelle storiche tutto il potere culturale era nelle mani degli adulti. I bambini ed i giovani dovevano apprendere, seguire, ubbidire. Nelle società storiche, soprattutto in epoca moderna, questa rigida trasmissione culturale è stata frantumata dall'irrompere dei movimenti collettivi. Il Cristianesimo, l'Islam, la Riforma Protestante, la rivoluzione francese e americana, i movimenti nazionalisti hanno avuto come protagonisti soprattutto i giovani, perché più entusiasti, più aperti al nuovo, all'utopia.

La società moderna è divenuta sempre più articolata e complessa. Quello che prima era il costume è stato rimpiazzato da una complicata rete di istituzioni legali, nazionali ed internazionali, dove operano poteri forti e capaci di una pressione terrificante. Basta pensare a cosa può fare il controllo monopolistico dei mezzi di comunicazione di massa. In questa situazione esiste il pericolo di spegnere le forze creative ed innovative. Cosa che è già avvenuta nei regimi totalitari e, in particolare, nell'Unione Sovietica per quasi settant'anni.

Per questo, nelle democrazie si sono sviluppati dei meccanismi di protezione. Sono nati dei contropoteri, come i movimenti politici, sindacali e dei diritti civili, che hanno continuamente contestato le istituzioni dominanti. Anche i movimenti giovanili degli anni Sessanta e Settanta hanno avuto una analoga funzione. La «contestazione» non ha solo respinto la visione stabilizzata e accreditata della società. Ma ha creato anche una struttura culturale alternativa, che consentisse ai giovani di evolversi per conto proprio, senza dipendere dal controllo degli anziani, e di sperimentare, di provare, creare. La cultura giovanile, perciò, va vista non tanto per i suoi contenuti, che continuano a cambiare da epoca ad epoca, ma come sistema protettivo. Come serra in cui le nuove generazioni crescono in modo autonomo, libera dal pesante condizionamento sociale adulto. E acquisiscono, di conseguenza, una maggior originalità, una maggior capacità di rinnovamento. Non ha perciò molta importanza che essi abbiano programmi per il futuro o una visione utopica, come i sessantottini. O che passino il tempo a chiacchierare o in discoteca, come fanno i figli degli anni Novanta. Ma, poiché crescono separati, consapevoli della loro separatezza, orgogliosi della propria differenza e originalità, si trovano, almeno in parte, fuori dalla tradizione. Dei ribelli.

Ho detto «in parte». L'adolescente, infatti, non appartiene solo alla internazionale giovanile. Egli è cittadino del mondo ma, nello stesso tempo, è radicato nel suo paese, nella sua città, nel suo quartiere. Lo si vede anche nella scelta della musica, dei leader, dei capi a cui fa riferimento. Alcuni sono gli stessi in tutto il mondo. Quando Michael Jackson si sposta, ottiene lo stesso successo a Mombasa, a Roma, o a Minsk. Altri sono locali. In ogni paese vi sono cantanti, attori, gruppi musicali che hanno un orizzonte più limitato. Ma sono altrettanto amati dai giovani che abitano negli stessi confini. E, spesso, sono portatori di messaggi e valori radicalmente diversi da quelli dominanti a livello mondiale. I ragazzi non sono una unità, sono una molteplicità e ciascuno di essi, a sua volta, non è qualcosa di definito, ma una pluralità di possibilità. Nel mondo giovanile italiano c'è chi segue la musica di Mark Owen e chi preferisce quella di Claudio Baglioni. Ma, entrambi, ad un certo momento della loro vita, possono riconoscersi nella musica melodica e tradizionale di Lucio Battisti. Vi sono poi correnti culturali che attraversano verticalmente tutta la società, che costituiscono il ponte fra le generazioni. Uno dei simboli di queste correnti musicali è Luciano Pavarotti. E, infatti – sebbene la musica lirica e il «bel canto» siano lontani dagli schemi musicali più tipici dell'adolescenza – numerosi ragazzi in tutto il mondo accorrono ai concerti di Pavarotti. E, in occasione del campionato del mondo, è arrivata in testa alle Hit parade la romanza «Nessun dorma» dalla *Turandot* di Giacomo Puccini, che termina con il famoso grido: «Vincerò! all'alba vincerò!».

Siamo arrivati sotto il portone di casa. Infilo le chiavi nella toppa. «Stavi pensando alle fan dei Take That?», mi chiede lei. «Sono un fenomeno, non trovi?»

CAPITOLO OTTAVO

Esplorazioni

Sono nella biblioteca della mia casa di Milano. Non è lussuosa, è accogliente. Ha quanto basta per darmi un senso di tranquillità e di pace. È tappezzata di scaffali di legno di ciliegio, colmi di libri. Il pavimento è coperto da una soffice moquette. Un tavolo con delle poltroncine. È il luogo della casa che preferisco, perché non c'è il telefono, né il fax e non si sente nemmeno il campanello della porta. Gli spessi doppi vetri impediscono che il rumore della città lo invada. È qui che mi rifugio quando devo scrivere in fretta. Oppure, come adesso, che devo analizzare gli ultimi dati della ricerca. Il tavolo è pieno di carte, di grafici.

Il maestro di cerimonie è sempre la dottoressa Scramaglia. L'argomento è la durata degli amori degli adolescenti. Mia moglie ed io ascoltiamo la parte introduttiva.

«C'è un dato interessante. Il coefficiente di correlazione fra la durata dell'innamoramento e l'età, è –0,25, altamente significativo.»

«Per carità, dottoressa», interviene Rosa, «la smetta con questi tecnicismi. Me lo dica in parole povere cosa vuol dire.»

«Che l'innamoramento dura più a lungo nei bambini che nei grandi», spiego io.

E Scramaglia, per nulla turbata dall'ossessione di mia moglie per il linguaggio semplice, precisa: «Nei bambini, gli amori che durano più di due anni sono il 40%. Invece nei nostri adolescenti, quelli innamorati da più di due anni sono il 20%. La maggior parte dicono di essersi innamorati da meno di sei mesi».

«Però questi dati si riferiscono all'amore che vivono adesso. Può essere appena sbocciato, quindi non mi meraviglia la loro risposta», osserva Rosa. «Mi piacerebbe sapere cosa è successo prima. Per esempio, quanto è durato l'amore precedente?»

«Ancora meno. Solo il 15% ha avuto un amore che è durato più di due anni.»

«E più tardi, cosa succede a quelli che sono già all'università?»

«Gli amori che durano più di due anni tornano ad essere il 20%. In sostanza possiamo dire questo: i bambini hanno degli amori lunghi e intensi, poi subentra una fase di numerosi innamoramenti brevi. E, in seguito, la durata dell'innamoramento torna ad aumentare. Il problema è capire cosa succede nella fase intermedia, quella che va dai quattordici ai sedici-diciassette anni. Perché ci sono tanti amori brevi ed instabili?»

«Attenzione» intervengo io. «Devo darvi un'altra informazione che rende più complicato il problema. Noi abbiamo chiesto ai nostri studenti universitari di venti-ventun anni: Quando ti sei innamorato la prima volta? Le ragazze hanno indicato un episodio avvenuto fra i quattordici ed i sedici anni, e i ragazzi uno avvenuto fra i quindici e i diciassette anni. Io penso che essi ricordino l'amore perché è a questa età, è qui che avviene il primo importante passo verso la propria autonomia emozionale, la propria emancipazione dalla famiglia. È il momento in cui, per la prima volta, il ragazzo si sente capace di creare un nuovo centro emozionale, il germe di una nuova unità famigliare. Il periodo dei quattordici-sedici anni è quello in cui tutte le società primitive collocano i riti di iniziazione al mondo adulto. Dopo l'iniziazione i due ragazzi possono sposarsi, andare a vivere insieme, avere figli. E anche in epoca storica, è sempre questo il periodo dei grandi amori. Giulietta di Shakespeare ha quattordici anni quando s'innamora di Romeo, Eloisa quando si innamora di Abelardo ne ha sedici, come la regina Isotta di Tristano, come Rossella di *Via col vento*. Per questo si diceva che "il primo amore non si scorda mai". Ebbene, cosa vediamo oggi? Che, in questo stesso periodo in cui gli universitari ci dicono di aver avuto il loro primo amore, i ragazzi hanno amori brevissimi, di pochi mesi o addirittura di pochi giorni. Come si spiega?

«Si può capire solo analizzando l'innamoramento. Noi ci innamoriamo quando cominciamo a sentirci prigionieri dei nostri vecchi affetti, e siamo animati da una grande spinta vitale che ci porta a cercare il nuovo. Questa ricerca avviene attraverso *esplorazioni*. In tutti i miei studi ho sempre visto che l'innamoramento è preceduto da una fase irrequieta, fatta di insoddisfazione e di ricerca. L'individuo desidera qualcosa di nuovo, si guarda attorno come se cercasse qualcuno. Ripensa al suo passato, desidera rivedere le persone che ha amato o che lo hanno amato. Nello stesso tempo sente come una specie di invidia per coloro che vivono intensamente, per coloro che si amano, perché tutti gli sembrano felici. Tutti tranne lui. Ad un certo punto è attratto da un ragazzo o una ragazza. Lontano torna a pensare a lei. Ha come l'impressione di aver perso qualcosa. Ma, quando la rivede, non le dice niente. Altre volte ha delle cotte improvvise, fa la corte a tutti o a tutte, si getta nelle avventure. Io penso che molti ragazzi e molte ragazze, in questa età, si trovino in una situazione di questo tipo. Sta nascendo in loro la forza che li porterà ad innamorarsi, ma non sono ancora pronti. O non è pronta la persona che incontrano. Oppure vi sono mille altri ostacoli interni ed esterni. Perciò il processo resta a livello di *esplorazione*.

«Il processo amoroso si può rappresentare come un percorso fatto di tante tappe, di tanti approfondimenti, da un livello più superficiale ad uno più profondo. Il primo livello, quello più semplice, è la pura attrazione che proviamo per qualcuno. Quella persona ci piace, la desideriamo; nient'altro. In certi casi il desiderio è più intenso, noi lo assecondiamo, e può nascere un rapporto erotico occasionale, che sappiamo già in partenza che sarà breve: l'*avventura*. Altre volte il desiderio diventa più intenso e più duraturo. Quella persona continua a restarci in mente: la chiameremo *cotta*. Il desiderio può intensificarsi ancora di più, può diventare più stabile, ossessivo. Arriviamo così allo stato della *infatuazione*. L'infatuazione assomiglia moltissimo all'innamoramento. Se ne differenzia solo perché non è accompagnata da una profonda trasformazione interiore e perciò può sparire improvvisamente.

«Prendiamo il caso di Guido, riportato da Tommaso Senise:[21] "L'anno scorso ho passato un periodaccio. In classe c'era una ragazza carina. Per due mesi pensavo a lei, non riuscivo a levarmela di mente. Pensavo a lei di giorno e di notte. Soffrivo, ero malinconico, disperato. Poi, un giorno, sono andato in discoteca con dei miei amici e ho trovato un'altra ragazza e tutto di colpo è cambiato. Mi è piaciuta, io le sono piaciuto, abbiamo deciso di metterci insieme. E nel giro di due ore l'altra è come scomparsa dalla mia mente. Pensavo a lei ma non provavo più nulla. Non significava più nulla. Mi sono sentito liberato, leggero, contento. Posso dire che ci sono rimasto. Le morivo dietro e adesso non significa più niente, ma niente di niente, come se non l'avessi nemmeno conosciuta. Non so come spiegarmelo".»

«Che tipo di amore è questo di Guido? È un vero innamoramento?», mi chiede Rosa perplessa.

«No, no. È una cotta superficiale, un'esplorazione. Il desiderio ha appena identificato il suo oggetto, ma non l'ha ancora fissato, e può esserne distratto con facilità. Quello di Guido è un desiderio erotico che, come la curiosità, si ferma prima su un oggetto e poi su un altro. Ma poiché lui, interiormente, non è sufficientemente cambiato, maturato, non è sufficientemente predisposto ad innamorarsi, il legame resta fragilissimo. Per questo al primo stimolo che riceve, può distruggersi.»

«Ma non sempre accade», interviene lei. «Il processo amoroso potrebbe anche continuare, fino a mettere in moto lo *stato nascente*.»

«È possibile. Però avviene solo quando il soggetto si trova in una situazione nuova. Quando sta rompendo i ponti con il passato, con la comunità in cui ha vissuto e che gli è diventata troppo stretta. Quando gli affetti che lo hanno riscaldato fino a quel momento, si sono trasformati in vincoli che lo legano, che lo soffocano. È in questo periodo che una spinta interiore lo porta ad esplorare il mondo, a cercare nuove strade. Ma i vecchi legami lo tengono ancora avvinto. Per molto tempo lotta contro i suoi desideri, che si fanno strada in modo improvviso, come collere, malumori, senso di vuoto, di struggimento. E lui non sa perché. Ma la spinta a crescere, a rinnovarsi, continua ad aumentare, finché non raggiunge una soglia. Allora avviene come una esplosione: l'eros, la voglia di vita e di amare trabocca e invade i territori proibiti. L'aggressività, finora tenuta a freno, si rivolge contro le vecchie relazioni e le sconvolge. Lo stato nascente è una rinascita e una rivolta, la fine del vecchio mondo e il primo apparire del nuovo. È una esperienza di liberazione, di pienezza di vita, di felicità, di forza. È la liberazione da una prigione e l'ingresso in un nuovo mondo, che si presenta come meraviglioso.»

«Mi hai fatto venire in mente Filippo», fa Rosa, «nel quale, a differenza di Guido, è già incominciato il processo di innamoramento vero e proprio, si è già acceso lo stato nascente. Filippo ha quindici anni e frequenta la seconda liceo. È alto, robusto, i lineamenti del viso sono molto maschili, i capelli biondi, gli occhi marrone. Dimostra più anni della sua età. È simpatico, ha un sorriso coinvolgente. Ha avuto delle ragazzine, fidanzatine, alla scuola materna, alle elementari e una in seconda media. Però le sensazioni che prova per Alessandra sono una cosa diversa, si sente "preso", coinvolto, quasi stravolto. Lei è molto bella, bionda, occhi azzurri, alta, magra. L'ha conosciuta all'inizio dell'anno scolastico. È stato un colpo di fulmine, si sono frequentati per un certo periodo perché lei è cugina di uno del gruppo degli amici di Filippo. Dopo una ventina di giorni si sono "messi insieme". Lui era innamoratissimo. Si sentiva al settimo cielo, gli batteva il cuore, era attratto, qualcosa dentro si muoveva solo pensando a lei. Però aveva anche molti timori, perché non sapeva come comportarsi, era la seconda volta che baciava una ragazza. I suoi amici gli avevano detto che doveva fare qualcosa di più. Lui si sentiva imbarazzato. In seguito l'ha baciata molte volte, ha esplorato il suo corpo, ma non è riuscito ad andare oltre. Ha tanta voglia di fare l'amore con lei, ma si vergogna. Si sente inesperto, e teme anche che lei rifiuti di avere un rapporto sessuale. Si conoscono da poco tempo. Pensa sempre ad Alessandra. Fa delle fantasie. La vorrebbe spogliare, gli piacerebbe vederla nuda e sogna di fare l'amore, ma ha paura di rivelarle i suoi desideri. Ha paura di rovinare tutto. Forse fra qualche tempo, quando si conosceranno meglio, ci proverà. Escono spesso con gli amici ma, nel pomeriggio, vanno da soli in posti un po' appartati per baciarsi. Lui dice che non pensa al futuro, non fa programmi. "Per il matrimonio si vedrà", osserva. Nel frattempo è felice di stare con lei. Vuol conoscerla meglio. Vuole provare ad essere più "maschio". Filippo si appoggia al gruppo di compagni con cui passa tutto il suo tempo. Ma Alessandra è più importante di loro. Dice che forse, quando diverrà più sicuro di sé, perderà la timidezza, avrà rapporti sessuali con la sua ragazza e, insieme, resteranno nella compagnia come coppia. E può anche darsi che il loro amore duri a lungo.»

«Per comprendere meglio il processo amoroso» interviene la dottoressa Scramaglia, «ci può essere d'aiuto questa figura:

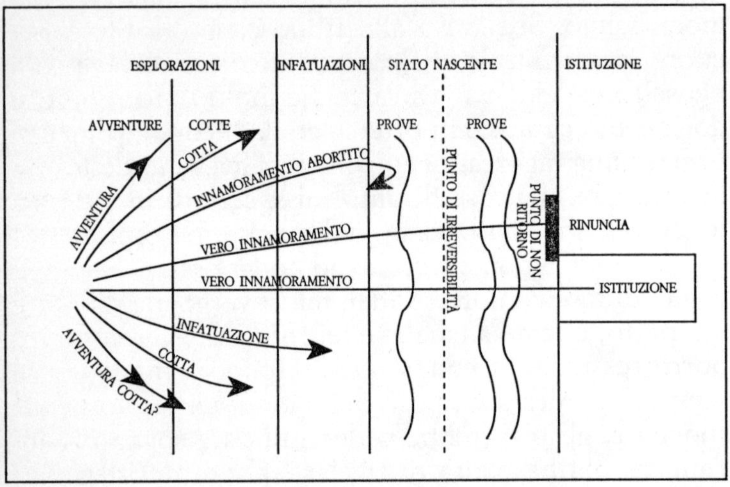

«Vedete, il processo amoroso procede da sinistra a destra, e si approfondisce via via. Dapprima troviamo l'avventura, poi la cotta, l'infatuazione e, infine, lo stato nascente.»

«Ma lo stato nascente non basta a creare una coppia, dottoressa. Certo, nello stato nascente i due innamorati tendono alla fusione, a mettere in comune la loro vita passata. Ma vogliono anche realizzare pienamente se stessi. Proprio per questo avviene lo scontro interno all'amore. È *la lotta con l'angelo.*»

«Lotta con l'angelo», ripete mia moglie. «Voglio

permettermi un lusso: voglio giocare il ruolo dello studente che vuol capire fino in fondo: che cosa significa, professore, lotta con l'angelo?»

«L'innamoramento, come ben tu sai, caro studente, tende alla fusione di due persone diverse, che conservano la propria libertà e la propria inconfondibile specificità. Noi vogliamo essere amati in quanto esseri unici, straordinari, insostituibili. Nell'amore non dobbiamo limitarci, ma espanderci. Non dobbiamo tarpare le nostre possibilità, ma portarle a compimento. Anche la persona amata ci interessa, perché è assolutamente diversa, inconfondibile. E tale deve restare, splendente e sovranamente libera. Noi siamo affascinati da ciò che essa è, da tutto ciò che di sé ci rivela.

«Perché ci sia innamoramento occorre che ci sia questa diversità. Però, nello stesso tempo, l'innamoramento tende a superare la diversità, a fondere i due amanti, a farne una entità collettiva unica, con un'unica volontà. Questo è possibile perché nello stato nascente noi diventiamo plastici, pronti a mutare, a modificare noi stessi per piacere all'altro.

«Nello stesso tempo, però, ciascuno sviluppa una concezione di sé e dell'altro, di loro due, del proprio destino. E ciascuno preme sull'altro perché si comporti come lui vorrebbe, perché si adegui all'ideale che si è creato. Nell'innamoramento si verifica un paradosso: ciascuno, pur vedendo il suo amato come un essere perfetto, è anche convinto che, con il suo aiuto, diverrà ancora più perfetto. Noi perciò premiamo su di lui, lo spingiamo a mutare. Egli può viversi in modo diverso, resisterci, proporci altre possibili strade, non previste, non volute. Ha un altro sogno, un altro progetto di vita che desidera realizzare più intensamente proprio perché ama. I sogni, i progetti dei due amanti possono perciò divergere, scontrarsi. L'amore quindi è anche lotta, lotta interna all'amore stesso. È questa la lotta con l'angelo.»

«Gli innamorati, se ho capito bene, possono fondersi, ma poi si scoprono diversi. E così ciascuno, da un lato cerca di adeguarsi ai desideri dell'altro ma, contemporaneamente, cerca di imporsi a lui. In questo modo essi mutano e si costringono a mutare. Alla fine, se tutto va bene, arrivano ad un progetto comune dove confluiscono gli ideali irrinunciabili per ciascuno. La lotta con l'angelo finisce e si ha il patto, l'istituzione.»

«Perfetto, non avresti potuto esporlo in modo più chiaro. Ora però state attente. Se il processo amoroso è fatto di tante tappe, di tanti passaggi, ne deriva che si può fermare in innumerevoli punti intermedi, prima di raggiungere il suo definitivo assetto istituzionale. Può fermarsi nella primissima fase, alle prime esplorazioni, o arrivare un po' più in là, alla cotta, alla infatuazione, ma non andare oltre. In tutti questi casi la coppia resta fragile e non dura.

«La maggior parte degli amori adolescenziali», continuo io, «mi sembra che restino a livello della esplorazione. C'è un improvviso interesse, ma senza una trasformazione interiore, per cui, dopo poco, si spegne da solo. Qualche volta è uno solo che incomincia ad innamorarsi, mentre per l'altro è solo una esplorazione. Oppure può trattarsi di un amore che incomincia in vacanza e che, al termine della vacanza, continua stentatamente a causa della separazione. Altre volte l'amore finisce perché lui o lei si accorgono che l'altro è troppo diverso da come lo avevano immaginato. Infine i due ragazzi incominciano veramente ad innamorarsi, entrano in stato nascente, ma hanno progetti diversi e, quindi, la lotta con l'angelo si trasforma in un conflitto insanabile.»

«Non credo che nell'adolescenza, i meccanismi dell'amore siano molto diversi da quelli dell'età adulta», fa pensierosa mia moglie. «Penso che siano solo più accelerati, le esplorazioni più frequenti, febbrili, i cambiamenti più rapidi. Il desiderio di affermare se stesso, di trovare la propria identità è indubbiamente più forte. Ci sono perciò attrazioni rapide, cotte che svaniscono in fretta, ed anche amori non ricambiati. Proprio perché nessuno è sicuro della propria identità, nascono facilmente delle incomprensioni. Inoltre i due ragazzi possono avere uno sviluppo divergente. E, qualche volta, possono naufragare anche dei grandi amori che lasciano ferite profonde.»

CAPITOLO NONO

Tipi umani, tipi di amore

«L'errore che facciamo comunemente», proseguo io, «parlando degli adolescenti, è questo: li consideriamo una categoria omogenea. Ma i risultati della nostra ricerca ci dimostrano che non lo sono, soprattutto nell'amore. Ci indicano anche che la durata delle giovani coppie è molto breve. Però questo numero, che è un valore medio, nasconde amori lunghi, e moltissimi amori di poche settimane o di pochi giorni. Ci sono ragazzi che stanno insieme per lungo tempo. Altri che intraprendono di continuo rapporti nuovi. E altri ancora che non se la sentono nemmeno di iniziarli.

«Studiando tutte le interviste abbiamo, perciò, individuato quattro grandi tipi. Il *primo* è formato da coloro che provano, fin da bambini, sentimenti intensi: hanno un forte senso dell'amicizia, una passione per i divi, sentono il bisogno di amare ed essere amati, si innamorano in modo appassionato.

«Il *secondo* tipo è formato da coloro che danno poca importanza al lato affettivo, sentimentale, passionale, comunque si manifesti. Possono avere degli amici, un ragazzo, una ragazza, stare in un gruppo, ma non vivono queste esperienze con l'intensità dei primi. Hanno altri interessi a cui danno più importanza: lo studio, una vita indipendente, gli hobby, lo svago, il lavoro, la carriera.

«Il *terzo* tipo è formato da coloro che vivono all'interno di un gruppo, che costituisce una sorta di guscio protettivo. Nel gruppo essi mettono continuamente alla prova se stessi, e si sentono protetti ed aiutati. Costoro è difficile che si innamorino. Di solito non vogliono farsi coinvolgere in un rapporto a due intenso, impegnativo. Cambiano continuamente partner. Si dedicano alla conquista, alla seduzione, soprattutto per acquistare credito e prestigio nella loro piccola tribù.

«Il *quarto* tipo è formato da ragazzi e ragazze capaci di sentimenti profondi e delicati, ma che, per i più svariati motivi, non sanno o non possono esprimerli. Di solito si sono innamorati senza essere ricambiati. È una cosa che succede con particolare frequenza ai maschi nella fase prepuberale, quando le ragazzine sognano i divi o cercano ragazzi più vecchi di loro. Essi perciò sbocciano solo più tardi e sono capaci di un amore intenso e duraturo.»

Un amore per ogni epoca della vita

«Il primo tipo è ben illustrato dalla storia di Mara», interviene Scramaglia. «Mara è una ragazza di sedici anni. È slanciata, ha un viso rotondo con qualche lentiggine, capelli neri e cortissimi, tanti orecchini, e degli occhioni chiari molto dolci. Ha un bel sorriso e un tono di voce deciso.

«Mara mi ha spiegato che la sua "è una età proprio

difficile". Avvengono troppi cambiamenti e tutti insieme. A partire dalla scuola, dagli amori che prima non sapeva cosa fossero. Si cambiano le amicizie, e i discorsi che si fanno insieme. E chi non sa accettare gli altri "è difficile che riesca ad essere calmo con se stesso".

«Mara sente la famiglia troppo oppressiva, mentre lei ha bisogno della sua privacy. Vuole raccontare di sé, delle sue difficoltà, quando ne ha voglia, e non quando i famigliari glielo chiedono. Loro, invece, vogliono sapere tutto e sempre: cos'ha fatto, cos'è successo, dov'è stata. "Devono sapere tutto subito e, se non lo sanno, diventano sclerotici." Non si fidano di lei, indagano. Sono andati perfino a chiedere agli amici di Mara se è vero che esce con loro. Mara l'ha saputo e si è arrabbiata molto. Mara vuole fiducia, anche perché lei non mente. "Se dico una cosa, è quella. Se dico che sono uscita con i miei amici, è vero. Punto e basta."

«Mara ricorda benissimo il suo passato. Accetta di parlarmene con entusiasmo. Abbandona il tono polemico, e accenna un sorriso. Le brillano gli occhi, e la sua voce si fa dolce e vibrata. Mi racconta un episodio premettendo che lo ricorda "anche se era una cosa stupida. All'asilo c'era un ragazzo" dice proprio così: ragazzo e non bambino "di tre anni, di nome Davide. Davide, tutte le mattine, arrivava presto all'asilo, le faceva trovare i fogli ed i pennarelli sul tavolo, e metteva sulla sua sedia il pupazzo che lei preferiva. Quando facevano i turni per apparecchiare la tavola, e toccava a Mara, lui l'aiutava sempre. Quando toccava a lui, oltre ai piatti, al posto di Mara, metteva sempre anche il suo pupazzetto. Ogni volta che le maestre cercavano di toglierle il pupazzetto, lui interveniva e glielo rimetteva sulla sedia.

Mara ricorda con chiarezza tutto quello che facevano insieme. Quando andavano in giardino, lui la spingeva sull'altalena. Una volta ha cercato nel giardino le margherite, ne ha fatto un mazzolino e glielo ha donato.

«La loro storia è durata tutti e tre gli anni dell'asilo. L'ultimo anno, quando facevano i disegni, lui guidava la sua mano per non farla sbagliare, e l'aiutava a colorarli, perché era bravissimo.

«Si sono persi di vista quando hanno lasciato l'asilo, perché hanno frequentato le elementari in posti diversi. Non le sembra di aver sofferto della sua mancanza. Però ricorda che, il primo giorno della scuola elementare, lei è entrata in classe con la mamma, ha guardato i compagni, ma Davide non c'era. Si è girata verso sua madre e le ha detto: "Ma Davide non c'è!". "Non può esserci, i genitori l'hanno mandato in un'altra scuola", le ha risposto sua madre mentre l'accompagnava al suo banco. Non voleva crederle. Ha guardato la sua sedia: il pupazzo non c'era. "Non voglio restare in questa scuola!" ha cominciato a gridare. Poi la mamma è riuscita a calmarla e l'ha convinta a fermarsi.

«In prima elementare, dopo qualche tempo, ha conosciuto Roberto che faceva la seconda. È avvenuto durante la ricreazione. Lei saliva sull'altalena e lui la spingeva. Le suore li dividevano, dicendo che lui non doveva giocare con Mara, perché erano un maschio e una femmina. Ma loro fingevano di non sentire. Anzi facevano di più. Con il viso raggiante mi ha detto: "Siamo diventati una cosa sola, proprio perché le suore dicevano che non dovevamo vederci". Lei e Roberto si volevano molto bene. In quarta, Mara prendeva lezioni di pianoforte a scuola. Roberto l'aspettava nel corridoio e poi tornavano a casa insieme. A maggio, per il suo compleanno, Roberto le ha regalato un pupazzetto con scritto *I love You*.

«Roberto ha continuato a riaccompagnarla a casa anche l'anno dopo, quando lui era già alle scuole medie. L'accompagnava anche alle lezioni di danza e, poi, assisteva ai suoi saggi. Mara dice che il rapporto con Roberto è forse il ricordo più bello della sua infanzia.

«L'anno successivo, Mara è andata nella stessa scuola in cui Roberto frequentava le medie. Però lui, durante l'estate "aveva cambiato giro, aveva cominciato a sentirsi grande, e a frequentare brutte compagnie". I suoi nuovi amici "lo tiravano in mezzo ad andare sulla strada". Roberto ha incominciato a staccarsi da lei, ormai la vedeva troppo piccola. Mara ci è rimasta male, ma non ha sofferto moltissimo perché, visto gli amici che lui frequentava, ha pensato che, forse, era meglio così.

«A dodici anni "diventa matta" per i Take That. Si riempie di magliette, dischi, poster. Fa diventar pazza anche sua sorella, la convince ad accompagnarla ad un concerto dei Take That. Si accampano alle dieci del mattino ai cancelli. Poi, "quando li ha ad un palmo" non riesce neanche a cantare, tanto è emozionata. Era proprio "matta, matta". Ed ha continuato ad esserlo fino a quattordici anni, quando ha avuto il suo primo ragazzo, Franco. Lui non commentava la sua fissazione per i Take That. Ma, quando stavano insieme a casa di Mara, c'era sempre su il disco dei Take That. Franco non ne può più: e un giorno le dice che gli sembra di stare con una bambina di due anni. Ma lei non cede e litigano. Fa parte "del mio carattere. Se una cosa mi piace non cedo, sono testarda".

«La sua storia con Franco finisce dopo due anni e mezzo. Si mettono di mezzo le famiglie. Mara, ora, sa che è stato un errore parlare di Franco ai suoi, perché "sembrava che la storia fosse con loro e non con il suo ragazzo". La stessa cosa avviene nella famiglia di Franco: sua madre pensava che lei lo rovinasse. Alla fine Mara decide di lasciarlo. Lui ci rimane male quando glielo comunica. Ma, poi, ne parlano, e Franco riconosce che in quei due anni e mezzo, "fra loro erano saltate fuori delle differenze". E separarsi era la decisione migliore che potessero prendere.

«Quando la sua storia con Franco è finita, tutti gli altri compagni di classe sono molto sorpresi e delusi. Perché loro due, di fronte agli amici, ai professori, al preside, formavano una vera coppia. Una sua compagna le dice seria che loro erano l'esempio per tutta la scuola. Tutti volevano arrivare ad avere un rapporto così bello. Erano il loro modello. Ma ora che la coppia ideale si era rotta, tutti pensavano che l'amore per sempre non esiste.

«Parlando più a fondo della loro separazione, Mara mi dice che a quattordici anni, quando si sono conosciuti, loro erano "proprio uguali". Poi hanno preso due strade diverse. All'inizio, nella coppia, la più pazza era lei, quella che aveva sempre voglia di ridere, di giocare, di uscire. Mentre, in seguito, si era calmata molto. Lui, al contrario, era diventato trasgressivo. Gli era venuta voglia di fare tutto in modo spasmodico, e aveva reazioni violente. Comunque Franco "l'ha sempre amata, l'ha sempre tenuta su un piedestallo". All'inizio lei era "cottissima di lui perché è stato assolutamente il suo primo grande amore". Però, negli ultimi mesi, si era accorta di pensarla in modo diverso. "La cosa sbagliata" dice "è che io cominciavo a guardare gli altri ragazzi." Quando se ne è resa conto, ha capito che non stava più bene con lui. Riflettendo, mi confessa che l'ostacolo creato dalle famiglie probabilmente è stato una scusa. Con un "sentimento forte ce l'avrei fatta, ma evidentemente era venuto a mancare". Alla fine conclude: "Siamo cambiati tutti e due troppo velocemente, e nessuno è riuscito ad abituarsi all'altro. Le prime discussioni sono sorte perché uno voleva andare al cinema e l'altro a ballare. Ma, in realtà, mascheravano un cambiamento radicale". Mara osserva che, all'inizio, non ci si accorge dei difetti dell'innamorato, neanche quando ce li fanno notare. Poi, "piano piano, quando passa l'amore profondo" anche un suo piccolo gesto può far cambiare il nostro modo di vederlo.

«Quando Mara è in crisi con Franco, conosce Giulio, il suo attuale ragazzo. In lui ritrova subito il Franco di una volta. Anche se sono due ragazzi completamente diversi. Giulio ha ventitré anni, sette più di lei. Però con Giulio ha ritrovato la tranquillità che aveva inizialmente con Franco. Mara lo conosce da un anno e tre mesi. Dapprima erano solo amici. Poi "è scoccata la scintilla, siamo diventati inseparabili perché siamo lo specchio l'uno dell'altro. Pare strano, però sembra la mia anima gemella". Quando si guardano negli occhi, lui sa esattamente che cosa sta pensando lei, e viceversa. Hanno gli stessi comportamenti, le stesse opinioni.

«Da quando ha iniziato la storia con Giulio, Mara è cambiata. Prima non le interessava come la vedevano gli altri. Vestiva solo con jeans e scarpe da ginnastica. Ora, che sta con lui, è dimagrita di dieci chili, ha messo le scarpe con il tacco, si è riempita il guardaroba di gonne, che prima non aveva, ed ha incominciato a truccarsi, per dare di sé una bella immagine. Giulio la sera prima di vederla, al telefono le chiede di mettersi un determinato vestito, e lei lo indossa. Se glielo avessero chiesto i ragazzi precedenti, le sarebbe sembrata "una sopraffazione" e avrebbe detto di no. Perché, mi spiega, "allora stavo cambiando e crescendo e volevo emergere per quello che ero".

«Il suo futuro lo vede lontano dall'Italia. Vuol fare l'università in America. Vuol diventare qualcuno di importante per poter aiutare altre persone, e per avere tanto successo. Giulio conosce questo suo progetto ed è disposto a seguirla. Lui lavora, ma è pronto a spostarla, anche perché in America ha dei parenti.

«Mara a questo punto tace, riflette e poi aggiunge: "Forse, fra di noi va tutto bene perché abitiamo lontano". Quando s'incontrano pensano solo a stare insieme, vivono minuto per minuto, assaporano tutte le ore. Non pensano che il giorno dopo lei deve partire. Esistono solo lei e lui e basta. E ricordano tutto quello che hanno fatto insieme. Poi, quando lui non c'è, anche se si dicono: mi manchi, non soffre perché è sicura di rivederlo.»

La dottoressa Scramaglia ha finito il racconto. Mi guarda. Si aspetta che io commenti il caso di Mara. Io rifletto.

«E allora», incalza mia moglie complice, «cosa ne pensi?»

«Mara ha tanti amori completi, ciascuno appropriato alla sua età. Ciascuno nato in occasione dei grandi cambiamenti della sua vita. Il primo è quello dell'asilo. Il secondo inizia in prima elementare e dura sino alla quinta. Finisce quando Roberto, in seconda media, va con il gruppo di amici. A dodici anni ha una fase di infatuazione divistica per i Take That. A tredici anni si innamora di un coetaneo, con cui forma, per due anni e mezzo, una coppia affiatata, esemplare. Sono il modello ideale della loro scuola. Però agisce ancora in modo egocentrico. Per esempio, impone al suo ragazzo una musica che lui non gradisce. Non ammette di dover cambiare per amore. Vuole affermare se stessa, la sua identità. Questo amore finisce, perché la loro evoluzione diverge. Lei ormai è pronta ad un grande balzo, lui no. Infatti Mara, a quindici anni, s'innamora di un ragazzo che ha sette anni più di lei: è un uomo. E questa volta è un innamoramento vero. Ne ha tutti i sintomi. Nonostante la differenza di età e di mentalità, si sentono identici, due anime gemelle. Lei, che prima era testarda e non voleva cedere su niente, ora è pronta a trasformarsi, a modificare se stessa per piacere al suo amato. Infine, stanno elaborando insieme un progetto per la loro vita futura.»

Un ragazzo tranquillo

«Ma il leader di questo progetto è sempre lei, è sempre Mara», interviene mia moglie con l'aria divertita. «Il progetto di vita futura lo realizzeranno insieme ma, sono pronta a scommettere ciò che vuoi, anche la mano destra come Muzio Scevola, sarà sempre quello di Mara. Ora voglio raccontarvi la storia di un ragazzo tranquillo, un ragazzo che molti genitori vorrebbero come figlio. Si chiama Fabio ed ha diciassette anni. Fino ad oggi non ha avuto una vita ricca di passioni, e neppure di grandi amicizie. Ha una corporatura esile, un viso pulito, senza barba, la pelle chiara. È biondo, gli occhi castani, grandi. Ha lo sguardo intelligente e vivace. Parla con un linguaggio corretto, e ha un atteggiamento composto. I suoi modi sono gentili. Il sorriso, gioviale e simpatico, ispira fiducia e simpatia. Fabio è l'immagine del ragazzo perbene. A scuola è bravo. Non dà problemi alla sua famiglia, passa il tempo libero al computer e in questo è molto abile. Questa abilità suscita l'ammirazione dei suoi compagni.

«Fabio non ha avuto passioni burrascose, né grandi conflitti. È un ragazzo molto equilibrato. Non ricorda passaggi o cambiamenti bruschi nella sua vita. È cresciuto gradualmente. Crescendo, ha ottenuto sempre più libertà dalla famiglia, dipende sempre meno dal gruppo e, pian piano, si è formato una sua personalità.

«Fabio ha perso il padre da piccolo. La madre lo ha partorito quando era già avanti negli anni, ed ora non è più giovanissima. Con lei non ha mai parlato di niente. Ha due fratelli ultratrentenni sposati che gli fanno un po' da padre. Con loro della sua vita affettiva riesce a scambiare solo qualche battuta. Anche con la sorella più grande non ha confidenza. Ha provato a tenere un diario, ma dopo due settimane ha smesso.

«Non ha molti amici e non ha più nemmeno un amico del cuore. L'ha avuto fino all'anno scorso. Era Giorgio, un suo compagno di classe fin dalle medie. A lui raccontava tutto. Ma è diventato il suo amico speciale solo tre anni fa. L'anno scorso, però, quando Giorgio si è messo con una loro compagna sono tornati ad essere dei semplici amici. La ragazza di Giorgio gli è simpatica. Lui crede che gli piaccia perché loro due sono cresciuti insieme e perciò sono diventati un po' simili.

«Fabio non ha mai avuto la passione per un eroe in particolare. Non è sportivo e cerca di prendere l'esempio un po' da tutti. Non vede molta differenza fra la passione per un divo maschio e per una diva. Per lui, entrambi possono essere solo dei modelli.

«Dell'asilo, Fabio non ricorda niente. Delle elementari si ricorda di qualche amico. Nei primi tre anni ne aveva uno, poi un altro. C'era anche una bambina con la quale ha simpatizzato fin dalla seconda elementare. Non si ricorda come e quando l'ha conosciuta, né per quanto tempo sia durata quella passione. Lui le scriveva bigliettini, e le aveva anche regalato un portachiavi. Lei non lo ricambiava proprio per niente, però è riuscito a farsela amica anche se per un breve periodo.

«Alle medie ha avuto diverse amiche e qualche storiella, in seconda e terza. Alla base di queste storie non c'era amicizia, "erano qualcosa di diverso", ma significavano ben poco per lui. Con queste ragazzine, si vedeva qualche volta fuori dalla scuola. Di questi incontri non parlava con nessuno, li teneva fuori dalla sua vita con gli amici. Gli incontri finiscono quando va alle scuole superiori. Qui ha solo amici. Storie con ragazze le ha solo in vacanza.

«L'anno scorso, per esempio, ne ha conosciuto una. Con lei è stato molto bene. Non era la solita storiella: c'era amicizia ma anche un legame più intenso. Dopo le vacanze, si sono sentiti per un po'. Ma lei non era di Milano e la cosa è finita. Ora non ha nessuno. Però, mi ha confidato che, quando ha avuto una ragazza e stava bene con lei, non è mai stata un'esperienza vissuta intensamente. Perché, appena inizia una storia, Fabio sa benissimo che quella ragazza non diventerà la sua donna, "quella da sposare". Parte già con un progetto a breve termine.

«Fabio non ha problemi a comunicare con nessuno. Ma in questo periodo ha una sensazione strana: il mondo degli amici e quello degli adulti gli appaiono sempre un po' separati. Non sa spiegarsi perché ha questa sensazione. Ma lui stesso, pur non essendo cambiato, quando è con gli amici, si comporta in modo diverso rispetto a quando è con gli adulti. Fabio non ritiene di commettere niente di male con gli amici, ma fa ragazzate che non direbbe mai ad un adulto. Perché, riflettendoci, gli sembrano insensate.

«Lui è disponibile ad accogliere i valori di tutti: scuola, televisione, famiglia, amici. Li vaglia e poi li seleziona. Nei suoi gusti, nel modo di vestire, si sente influenzato alla pari tanto dalla sua famiglia quanto dai suoi amici. Quando era più piccolo gli amici lo influenzavano di più, anche se sua madre non lo perdeva d'occhio. Alle elementari, si ricorda che per lui era importante vestirsi pratico, soprattutto in tuta, perché aveva tanta voglia di giocare. Alle medie, ha cominciato a vestirsi come i suoi compagni, ad imitarli. È stato in quel periodo – fra la terza media e la prima liceo – che ha subito la maggior influenza dei compagni. Guardava le marche del loro abbigliamento e quello che facevano. Dal secondo anno di liceo è cambiato. Ha smesso di imitare gli altri, e si è costruito la sua personalità.

«Attualmente ha le idee chiare sul suo futuro scolastico. Sull'amore no. Certo, nell'avvenire vuole una famiglia. Ma per ora pensa agli studi. Resterà con la madre fino alla laurea. Poi, vorrebbe fare come i suoi fratelli che, ad un certo punto, si sono presi un appartamento per conto loro.

«Frequenta dei compagni che sono come lui, che non cercano la ragazza per costruire qualcosa di serio. Solo il suo amico Giorgio da qualche mese ha la ragazza. Con lei è felice, lo ammette, anche se lei lo ha cambiato, e "lo sottomette" un po' troppo. Anche Giorgio e la sua ragazza non fanno progetti per il futuro. Tuttavia, Fabio è convinto che il loro rapporto potrebbe durare, perché è partito dall'amicizia.

«Quando va in vacanza in un paesino, trova dei coetanei diversi da lui e dai suoi compagni in città. Sono "molto più avanti". Non sa dire esattamente in che cosa sono diversi, ma vede che "fanno prima delle cose che lui e i suoi compagni fanno dopo".»

Gruppo e competizione

«Il mio caso», osserva Scramaglia, «è molto diverso sia da quello di Mara che da quello di Fabio. Mara ha un amore ad ogni cambiamento di età. I suoi amori seguono la sua evoluzione. Fabio non è interessato all'amore, all'erotismo. Nicoletta, la ragazza di cui voglio parlarvi, invece ha una vita erotica e amorosa mossa esclusivamente dai meccanismi che il professore chiama l'*indicazione* e la *perdita*.[22] Cioè desidera un ragazzo ammirato dagli altri (indicazione) e solo finché lui non la vuole (perdita). Poi, quando lo ha conquistato, non le interessa più. Questo tipo di comportamento, inoltre, si manifesta tutto all'interno del gruppo.

«Nicoletta è una ragazza di sedici anni, alta, snella, molto disinvolta. Ha i capelli castani, lisci e corti, un bel taglio. Ha delle ciocche ribelli che cerca, in continuazione e inutilmente, di sistemare dietro le orecchie con mani abili e svelte. Gli occhioni sono grandi e neri, vivacissimi, il volto abbronzato. Veste in modo sportivo, si sposta per la città in motorino, parla velocemente, masticando caramelle, ma ignora la sintassi. Le sue frasi, non finite, si succedono vorticosamente una dopo l'altra, e sono colme di espressioni colorite e di termini in gergo. Per un adulto decifrare il suo linguaggio non è un'impresa da poco. Ma la sua vitalità, il sorriso accattivante, e lo sguardo spontaneo e sincero di chi dice pane al pane senza farsi troppi scrupoli, fanno di lei una ragazza simpatica, con cui si sta volentieri.

«Nicoletta è una studentessa liceale e le sue giornate non sono molto diverse da quelle di molte sue coetanee. Al mattino va a scuola. Quando torna a casa, pranza, guarda la televisione, studia. E verso le sei esce. Fa i giri delle piazze del quartiere per dare un salutino a tutti gli amici. Sta fuori casa fino alle sette e mezzo. Alle otto meno un quarto puntuale rientra per cenare. Poi, guarda la televisione. Qualche sera esce fino a mezzanotte, massimo mezzanotte e mezzo. Il sabato sera, invece, può stare fuori di più. Nicoletta ama molto lo sport e durante la settimana ne pratica diversi a seconda della stagione. L'inverno, tre week-end al mese va in montagna con lo sci-club, il quarto sta in città per passarlo con gli amici di Milano.

«La sera va in discoteca perché adora ballare, ma anche perché lì trova i suoi amici. In discoteca, il sabato sera succedono tutte le cose importanti. Se è presente, mi ha detto, può viverle in prima persona, vederle con i propri occhi, invece di farsele raccontare dagli altri il giorno dopo. Sebbene in discoteca non riesca a comunicare parlando, lì tuttavia può conoscere gente, salutare gli amici, ballare, guardare gli altri, baciarsi con i ragazzi. La musica, Nicoletta non la sente solo quando è in discoteca, anche fuori l'ascolta sempre, e quando è in casa canta a squarciagola per ore. Fa i compiti con il walkman alle orecchie.

«Nei suoi rapporti con la gente non ha mai avuto problemi, perché è sempre stata espansiva. È una ragazza che si trova bene ovunque e con chiunque. Sta benissimo in famiglia. Nonostante i genitori siano separati, lei vive senza problemi. Ha anche un diario che tiene da quando era in seconda media. Lì scrive i fatti più salienti della giornata. Lo lascia leggere alle sue amiche. Lo fa circolare in classe, perché le sue compagne, ma anche i compagni, possano leggerlo e scriverci i loro pensieri. Mentre se lo apre sua madre "le dà un fastidio allucinante".

«All'asilo, c'era un bambino che le piaceva. Di lui ricorda solo che si chiamava Ferdinando e che aveva gli occhi verdi. In terza elementare, si ricorda di un compagno con cui giocava a marito e moglie.

«Il suo primo fidanzato lo ha avuto durante le vacanze, al mare, alla fine della quarta elementare. Era un bambino di Roma. Ma proprio mentre erano fidanzati, si è innamorata improvvisamente di David, un bambino più grande, che conosceva da sempre, perché era il figlio di un amico del padre. Lei non ha mai dichiarato a David il suo amore, ma ha lasciato ugualmente il suo fidanzato per poter "correre dietro" a lui.

«Dalla terza media in poi non cerca più ragazzi con cui formare una coppia, seppure effimera. Ora desidera solo sedurli per una sera, farsi corteggiare, poterli abbracciare in discoteca, dargli un bacio e nient'altro. La sua vera vita si svolge tutta all'interno del gruppo di amici, che hanno su di lei una influenza grandissima. Mi precisa che, anche ora che frequenta il liceo, il suo gruppo resta importante. Ma, prima, alle medie, non poteva assolutamente ignorarne i giudizi. A quei tempi lei era nel gruppo di quelli "che giudicavano e che spettegolavano" sul modo di vestire e di comportarsi dei coetanei. Nella sua scuola, a maggioranza femminile, lei e le sue compagne consideravano malissimo le ragazze che uscivano con troppi ragazzi, e non vedevano di buon occhio nemmeno quelle che non uscivano con nessuno, o che non avevano nessuno che le corteggiasse. E deridevano quelle che se ne stavano in casa a studiare, che non si vedevano in giro. Lei non le considerava nemmeno amiche, niente, solo delle compagne di classe. Il loro gruppo, invece, finite le lezioni, andava davanti alle altre scuole a cercare i ragazzi, perché i loro compagni erano pochissimi e non le sembravano neppure molto carini.

«Nicoletta cerca i ragazzi guardando soprattutto alla bellezza. Ma devono essere loro a fare il primo passo. Non sta a lei prendere l'iniziativa. Però, quando un ragazzo le fa capire che lei gli piace, allora "si diverte" a conoscerlo, a frequentarlo, a girargli un po' attorno, finché riesce a baciarlo. Eppure, dopo un po', non appena ha raggiunto il suo scopo, lui smette di piacerle. Si stanca, diventa "cattiva", lo tratta male e si innamora subito di un altro.

«Quando le piace un ragazzo, finché non è sicura di essere ricambiata, finché lui non si fa avanti non riesce a concentrarsi nello studio, e così prende brutti voti. Poi, quando riesce a ottenere quello che desidera e diventa la sua ragazza, il suo rendimento torna normale. Ma poiché resta insieme con la sua ultima conquista sempre per brevissimo tempo, la sua vita scolastica è un'altalena di alti e bassi.

«Mentre frequenta un ragazzo si trova a suo agio con lui solo quando sono presenti anche gli amici. Se invece si trovano soli, lei si blocca perché non riesce ad esprimere quello che ha dentro. Non riesce mai a manifestare i suoi sentimenti, nemmeno a dirgli: mi piaci.

«In tutte le sue storie si ripete la stessa sequenza. Quando conosce un ragazzo, è sempre attratta dal suo aspetto fisico e dal desiderio di essere corteggiata e ricambiata. Il suo traguardo è strappargli un bacio. Una volta raggiunto questo obiettivo, si accorge che di quel ragazzo le piace solo l'aspetto fisico e comincia a svalutarlo. Non le interessa più. Le sembra brutto. Lo guarda meglio e lo vede sotto una luce diversa, trova che certi atteggiamenti non le piacciono. A questo punto ha un colpo di fulmine per un altro. Il colpo di fulmine l'aiuta a sminuire ulteriormente il suo ragazzo e a farle iniziare la rincorsa verso quello nuovo. Lei stessa definisce quello che fa un "sistema consumistico", che le andava bene fino all'anno scorso, ma che adesso cerca di frenare. Da quest'anno, pur essendo molto corteggiata, vuol cercarsi una storia seria.

«Naturalmente, Nicoletta non ha mai fatto progetti di un futuro insieme con qualcuno dei ragazzi che ha avuto. Per lei, al matrimonio si può cominciare a pensare dopo i vent'anni. Gli unici progetti seri che fa per ora sono le vacanze. Lo stesso avviene per la maggior parte delle sue amiche. Nel suo giro, sono già un'eccezione le coppie che durano qualche mese, figurarsi se è il caso di pensare al futuro. Paradossalmente, poi, fra le sue amiche, quelle che vivono passioni più intense e più lunghe sono proprio quelle che non sono ricambiate. Una sua amica, per esempio, da tre anni è innamoratissima di un ragazzo che conosce a malapena, e di cui non parla nemmeno con lei, anche se sono molto in confidenza. Questa ragazza fa di tutto per lui. È disposta a qualsiasi cosa pur di piacergli. Ma solo perché lui la ignora.»

«Ma anche nei risultati della nostra ricerca quantitativa, abbiamo riscontrato la stessa cosa», intervengo io. «Di solito le ragazze hanno un'idea più passionale dell'amore quando non hanno il ragazzo, quando non sono ricambiate. Quando ce l'hanno e sono sicure di lui, gli trovano molti difetti ed entrano in conflitto. Comunque il loro tono passionale diminuisce. Questo ci dice che, perlomeno in parte, sono mosse da un desiderio di conquista, di affermazione. Noi li abbiamo classificati come *pseudo innamoramenti competitivi*,[23] che scompaiono non appena il risultato è stato raggiunto. In Nicoletta questo processo è particolarmente intenso.»

«È vero, professore, lo si vede benissimo nel caso del suo rapporto con Silvio. Erano in terza media. Stavano insieme da due settimane quando lui, poco prima di San Valentino, l'ha lasciata. Lei si è scoperta innamoratissima, non si è arresa e, alla fine dell'anno scolastico, è riuscita a riconquistarlo. Silvio però ha interrotto il rapporto perché era il periodo degli esami. Nicoletta ha aspettato l'inizio dell'anno scolastico successivo. In poco tempo, l'ha convinto a rimettersi insieme di nuovo e, finalmente, ha potuto baciarlo. Ottenuto il risultato gli ha detto che non voleva più essere la sua ragazza. Ormai "aveva pareggiato i conti ed era soddisfatta". Silvio c'è rimasto male, ha riprovato altre volte a farle la corte, ha cercato di convincerla a ricominciare, ma lei non ha più voluto saperne.

«Dopo Silvio, Nicoletta ha avuto molti ragazzi "per una sera". Ogni tanto le capitavano dei colpi di fulmine. In seconda liceo, le è piaciuto Nicola che le diceva che era carina, ma con il quale non è successo niente. Dopo un po' di tempo si è stancata di rincorrerlo. Allora volta pagina, "lo cancella dalla sua testa". Si guarda attorno. Conosce Elio. Lui è un tipo che ha avuto moltissime ragazze, ma non ha mai voluto impegnarsi con nessuna. Ora Nicoletta pensa sempre a lui, spera di conquistarlo, ma non riesce ancora a decifrare se lui ricambia il suo amore.

«La vita di Nicoletta scorre soprattutto all'interno del suo gruppo. È il gruppo che conta più di ogni altra cosa. L'estate scorsa, al mare, lei si è innamorata di un ragazzo di ventitré anni, che è diventato il suo ragazzo. Tornati dalle vacanze, però lo ha lasciato perché "era impensabile che lui potesse frequentare i miei amici sedicenni". E lei non aveva nessuna intenzione di uscire sola con lui. Non riesce a divertirsi senza gli altri. Spiega che, fino alla terza media, non c'era nella sua vita un gruppo ben definito. I gruppi si formavano di volta in volta secondo le circostanze. Poi sono diventati stabili, e lei non ha più avuto un ragazzo che non fosse del suo gruppo, o di un altro gruppo in cui poteva entrare e divertirsi.

«Per Nicoletta, i ragazzi di oggi si possono classificare in diverse categorie. Ci sono quelli che non sono legati ad un gruppo ed hanno delle storie di coppia. Sono degli isolati. A lei e ai suoi amici non interessano. Nicoletta prende in esame solo coloro che fanno parte di un gruppo. Questi però è difficile che formino una coppia. Con le ragazze vogliono divertirsi. Le baciano per una sera in discoteca e tutto finisce lì.

«Fra i "ragazzi del gruppo" ci sono alcuni che tutti giudicano belli e, manco a dirlo, sono questi che Nicoletta preferisce. Poiché anche a loro capita, a volte, di innamorarsi di qualcuna del gruppo, lei punta ad essere prescelta. Però sa anche che, sebbene sembri che a loro piacciano le ragazze più facili, quelle che tutti riescono a conquistare in discoteca, in realtà poi scelgono quelle carine, ma serie. Ad ogni modo la condizione determinante è sempre la stessa: devono far parte del gruppo, altrimenti niente.

«"Nel gruppo", continua Nicoletta "conta molto il nome che ti fai. Ancora prima di conoscere una ragazza, i maschi di un gruppo sanno già se è una preda difficile, o se ha già avuto parecchie relazioni. Se è una preda difficile, per esempio se piace molto a qualcuno, allora diventa una conquista interessante e tutti sono stimolati a tentare. Chi riesce, può vantarsi del successo con gli altri. Il parere del gruppo è importante anche perché, se una ragazza piace ad un ragazzo del gruppo, ma gli amici cominciano a dirgli che è brutta, alla fine lo influenzano e lui comincia a snobbarla e la lascia."

«La vita di Nicoletta si svolge totalmente nel gruppo. Il gruppo è la sua tribù, la sua comunità, il suo popolo. Coloro che non ne fanno parte non le interessano, li disprezza. Nel gruppo non ci sono coppie, non c'è posto per l'amore di coppia. Al suo interno vale una sorta di comunismo erotico competitivo. Tutti fanno la corte a tutti, e ciascuno acquisisce prestigio quante più conquiste fa. Ma conta anche la difficoltà della conquista. In posizione privilegiata ci sono i belli e le belle, i divetti locali. Sono loro i più ambiti, i più desiderati. Il sogno delle ragazze è quello di conquistare uno dei divi, strappandolo ad una rivale più bella e tenerselo il più possibile. Il sogno dei ragazzi è conquistare la ragazza di uno dei divi. Questo modo di agire delle tribù degli adolescenti può sembrare nuovissimo. In realtà è quello che si verifica in tutti i gruppi chiusi che vivono di svago, come avveniva nelle corti. Lo troviamo ben descritto in due celebri opere, una del Seicento ed una del Settecento francese. *La principessa di Clèves* di Madame de La Fayette e *Le relazioni pericolose* di Choderlos de Laclos.»[24]

Chi sboccia in ritardo

Interviene Rosa. «Ora voglio raccontarvi la storia di un adolescente, che mi ha divertito molto. È il figlio di una mia amica. Quando gli ho chiesto di raccontarmi, se ne aveva voglia, le sue vicende d'amore, mi ha risposto: "Sì, volentieri. Però le scrivo, è più semplice". E così ha fatto. Mi ha mandato una lunga lettera. Ve la leggo.»

Come ci si possa innamorare a quattro anni non lo so, ma fu appunto a quattro anni che mi innamorai la prima volta. Fui travolto dall'amore nel mio spensierato mondo di macchinine e bambolotti. Si chiamava Selina. Non la ricordo quasi più. Ho solo l'immagine, chiara in mente, di lei mentre facevamo il bagnetto a casa sua. Forse non ero poi così spensierato. Passarono un paio di anni prima che fossi di nuovo vittima dell'amore. Ma di questo secondo amore conservo maggior memoria. Si chiamava Gaia, era veramente molto carina, fin troppo, la volevano tutti! La vicenda si svolse mentre frequentavo la seconda elementare, lei aveva la mia stessa età, ma era in un'altra classe. Dopo un lungo esitare mi decisi ad agire. Ci trovavamo sul pulmino che ci riportava a casa da scuola. Ero riuscito a sedermi accanto a lei. Mi feci coraggio e la guardai, tirai fuori dalla tasca un pacchetto di gomma da masticare e mugugnai qualcosa. Lei fortunatamente capì che volevo offrirle una gomma, e mi ringraziò prendendone una. Nel mio piano la seconda domanda che le avrei voluto fare era questa: Mi vuoi sposare? Ma, visto l'insuccesso della comunicazione, rinunciai al tentativo.

Poi i miei genitori mi fecero cambiare scuola. E fu poco prima di andare via che conobbi Cristina. Cristina, l'ultimo appiglio con il mio vecchio mondo. Nei pochi mesi che ci separavano dall'estate, facevamo merenda insieme e ingrassavamo entrambi. Arrivò l'estate e trascorse, ma al mio rientro a scuola ebbi una sorpresa inaspettata. Qualcuno, durante le vacanze, aveva accelerato il processo di crescita delle nostre compagne. La sensazione che io ed Umberto, il mio nuovo amico, provammo, fu quasi indescrivibile. All'incirca quella che potrebbe provare un ragazzino di terza media trasferito direttamente al primo anno di una università femminile. Non che la cosa ci dispiacesse, ma loro ormai si dicevano follemente innamorate di Simon Le Bon o di Miguel Bosé, che avevano almeno vent'anni più di noi. Comunque, credo che sarebbe stato veramente imbarazzante per entrambi uscire con una ragazza mezzo metro più alta di noi. Allora, visto che le nostre compagne di classe non ci degnavano di uno sguardo – il confronto che loro facevano fra noi e i loro divi, ci piallava le parole quando le incrociavamo – noi, di undici anni, di chi ci potevamo innamorare? Di Lamù, che non è una caramella, bensì il personaggio di un cartone animato giapponese. Lamù era alta, magra, bella, con lunghi capelli, e indossava sempre un eccitante costume a due pezzi tigrato. E poteva addirittura volare! Insomma la ragazza ideale per dei ragazzini. Eravamo veramente cotti di Lamù, e non solo noi. Ai giardini pubblici non si parlava d'altro. Eravamo così convinti che ci sembrava vera. Trascorse l'estate e la mancanza del televisore affievolì l'amore. L'anno dopo Lamù non esisteva più. Subentrò Creamy, identica a Lamù. Si distingueva per i suoi capelli viola e per il fatto di essere un po' più vestita. Ma nessuno di noi scorderà mai la puntata in cui comparve in topless!! Anche quella volta eravamo cotti, cotti tutti quanti: album di figurine, giornalini con le sue avventure, ore abbracciati al televisore.

Alla scuola media la distanza biologica fra maschi e femmine si era un po' attenuata. Il primo mese ci servì per assestarci e prendere ciascuno la propria collocazione definitiva nella classe. Che, a grandi linee, si può riassumere così: i maschi di qua e le femmine di là. Eravamo un po' come i tedeschi e gli italiani in Alto

Adige: stesso territorio, ma ben divisi. L'unico contatto esistente fra i due gruppi consisteva in questo maldestro tentativo di avvicinarci: noi le facevamo degli scherzi e loro reagivano. Il tutto avveniva però con regole precise. Infatti lo scherzo veniva rivolto alla ragazza che ci piaceva e potevamo verificare di essere ricambiati dall'intensità della sua reazione.

L'anno successivo i maschi della mia classe erano tutti nella fase di «dopo innamoramento» conseguente all'insuccesso dei loro amori malriusciti. E questa comune condizione di frustrazione, più altre cause oscure, aveva fatto sì che tutti indicavamo una sola ragazza come bellissima e tutte le altre brutte. A me piaceva Pamela, ma non potevo rischiare di essere escluso dalla vita sociale della classe rendendo pubblica questa mia passione. Agivo cercando di non dare nell'occhio. Capitava che dicessi al mio compagno di banco: «Vado un attimo da quella bruttona di Pamela a chiederle se mi presta la gomma». Poi, andando da lei, cercavo di instaurare un dialogo. «Ciao, Pamela, ti andrebbe di venire al cinema con me oggi pomeriggio?» «Sì!» «Evviva! Ma, mi raccomando, non dirlo a nessuno.» «E perché?» Come facevo a questo punto a spiegarle che se i miei amici mi avessero scoperto, mi avrebbero preso in giro per il resto della mia vita? Così inventavo frasi ad effetto del genere: Un giorno capirai. Poi scoprii che non ero il solo a cercare di sfuggire alla dittatura del gruppo. Infatti al cinema c'erano Claudio e Giuliana, per strada giravano Enrico e Stefania e molti altri ancora.

Finite le medie arrivai in quarta ginnasio, avevo quindici anni. E qui trovai una ragazza che mi piaceva veramente molto. Però lei, per tutta la durata della scuola, non mi sembrava assolutamente propensa all'amore. Ma, appena arrivata in quinta, si fidanzò subito con un ragazzo di diciotto anni. Mi guardai attorno e mi accorsi che praticamente tutte le mie compagne si erano improvvisamente fidanzate con ragazzi della terza liceo. Oh no! Di nuovo come alle medie! No! Anche per i miei amici quindicenni le prospettive si erano azzerate.[25] Quell'anno e il successivo lessi molti libri, partecipai a molte cene con gli amici, andai in discoteca, ne uscii prontamente. Che ci vai a fare in discoteca? A guardare i ragazzi più grandi che fanno quello che anche tu vorresti fare e non puoi. Così vidi molti film con il mio amico, andai in vacanza, il tutto contornato dalla continua ricerca di donne, che ormai non avevano più una configurazione reale nella nostra mente. Eravamo passati dall'eroismo per la ragazza «cuccata» in discoteca, con cui ballavamo per non più di tre minuti – per poi essere interrogati dagli amici: Dai racconta, racconta! – alla depressione totale che si espresse un giorno in cui al telefono dissi a Giorgio: «Oggi mi ha chiamato Bianca per chiedermi i compiti». E lui: «Dai, racconta! Racconta!».

Ho dovuto attendere la fine della seconda liceo perché qualcosa si muovesse. Effettivamente quella primavera e, soprattutto, l'autunno successivo, notammo che le ragazzine di quinta ginnasio si trovavano a passare un po' troppo di frequente davanti alla nostra classe. Qualche volta addirittura entravano, ridacchiavano l'una con l'altra quando ci vedevano passare nei corridoi. Qualcuna più coraggiosa osò anche contatti del tipo: una mia amica vorrebbe sapere come ti chiami. Noi non davamo particolare importanza alla cosa, spesso le prendevamo in giro, ormai non capivamo più niente, ma finì che diventammo amici. A me, in particolare, era molto simpatica Alessia, ed in breve tempo finì anche per piacermi, per quanto giudizi al riguardo erano un po' falsati dalla situazione disperata in cui mi trovavo. Non si trattava di una grande amicizia, ci salutavamo, qualche volta parlavamo nell'intervallo, niente di più.

Un giorno, però lei mi telefonò per chiedermi delle informazioni riguardo ad un mio compagno per una sua amica. Il giorno seguente la chiamai io. E così finimmo col sentirci tutti i giorni. Ero attratto da lei, ma non cercai neppure per un attimo di farglielo capire, non ero sicuro di ciò che provavo. Speravo, ma niente più. Ma un giorno capii che anche lei si era innamorata di me, allora anch'io mi sentii finalmente sicuro di amarla e di poterla amare. La coscienza di essere innamorati ci imbarazzò molto. Vi fu un periodo, fortunatamente non troppo lungo, in cui a scuola ci evitavamo involontariamente, non ci parlavamo. Parlavamo, invece, delle ore al telefono durante il pomeriggio. Eravamo entrambi innamorati, ma non ce lo eravamo mai detti. La confessione del proprio amore sembra un monte insormontabile fino a che non lo si è superato, poi ci si accorge che era solo un gradino. Passarono un paio di settimane e Alessia si svegliò con il fermo convincimento di scalare questa montagna. Al telefono cercò, prima con approcci apparentemente casuali, di farmi confessare. Finì poi per lanciarsi direttamente: «A te piace qualcuna?». Di lì a poco cedetti.

Superate le difficoltà con Alessia, mi rimase solo il problema di affrontare il mondo, ed in particolare la mia famiglia. Con Alessia al fianco avrei potuto affrontare qualsiasi cosa, tranne loro. Mio padre ne fu contento, non lo vidi neppure particolarmente sorpreso. Mia madre, se la comunicazione si fosse svolta in questi termini: Mamma, mi sono fidanzato... scherzavo, è scoppiata la guerra termonucleare!, sarebbe stata più contenta. Pur non conoscendola, aveva già dipinto Alessia come un mostro rovinafamiglie, mangiatrice di uomini e mi ammoniva: «Quest'anno ti bocceranno!». Invece quell'anno ottenni i migliori risultati della mia carriera scolastica, ricevendo addirittura i complimenti della mia insegnante di greco. In cinque anni che la conoscevo, era la terza volta che la sentivo esprimersi favorevolmente riguardo a qualcosa, e le altre due volte si trattava del tempo. Chi non si rassegnava era mia madre, tornava alla carica e le occasioni non le mancavano di certo: «Sei sempre fuori», «Non aiuti più in casa», «Cosa farai della tua vita se ti riduci così per una ragazza?». Che fare? Raccogliere le sue provocazioni? No, lasciai che le sue frasi cadessero nel vuoto. Così col tempo finì per accettarla.

Ora, fortunatamente, momenti di tensione si verificano raramente, comunque ho imparato che, quando il fuoco converge su di me, basta che io mi sposti di qualche passo avanti. Se vogliono mi vengano dietro. Io e Alessia siamo ancora innamorati e viviamo in simbiosi. La porto a scuola, la vado a riprendere, facciamo le vacanze insieme. Questo racconto non ha mai fine, si perpetua in se stesso e nell'espressione che noi più spesso ci rivolgiamo: Ti amo.

CAPITOLO DECIMO

Metamorfosi

È quasi ora di cena. La riunione è finita. Siamo rimasti mia moglie ed io. Metto in ordine le mie carte. E lei non mi aiuta come fa di solito. Se ne sta in poltrona pensierosa. Guarda fuori dalla finestra e fuma lentamente una sigaretta. Non mi sembra soddisfatta, qualcosa non le quadra, ne sono certo. Ripongo le carte e mi siedo accanto a lei.

«Cosa c'è che non va? Non sei convinta dei risultati della ricerca, oppure ci è sfuggito qualcosa?»

«Non è questo. Esistono certamente i tipi umani che abbiamo illustrato con le quattro storie di vita reale. Però, c'è un aspetto dell'adolescenza che non abbiamo approfondito. La metamorfosi fisica e psichica a cui l'adolescente è sottoposto dall'imperativo della specie umana, inscritto nel codice genetico, che in qualche modo gli dice: cresci, evolviti, espanditi. Prendila come una immagine, non è una formulazione scientifica. Ma l'esperienza me la suggerisce.»

«Intuisco cosa vuoi dire. Ma, forse, è meglio che ti spieghi.»

«Gli adolescenti, come abbiamo visto, sono instabili, volubili, talvolta sconcertanti. Nell'adolescenza non muta solo il loro corpo, che cresce in modo disarmonico. Sono più prevedibili i bambini, non solo perché ci rassomigliano di più, perché imitano i nostri comportamenti nell'amore e nelle azioni. Tutte le bambine imitano le mamme, provano il loro rossetto, infilano le loro scarpe con il tacco a spillo, mettono il profumo, la cipria. Giocando esprimono questa tendenza ad essere come la mamma. I bambini imitano il papà, se possono gli stanno accanto sul lavoro, l'osservano e poi cercano di compiere gli stessi gesti. Se il padre è un medico, il bambino vuol fare il medico, se fa l'autista vuol provare a guidare anche lui l'automobile. Con l'adolescenza questo comportamento imitativo scompare. Anzi, spesso, gli adolescenti si contrappongono ai genitori. Sono più scomposti nella gestualità, sono più disarmonici fisicamente, cambiano il linguaggio. Diventano inafferrabili, ribelli. E i genitori fanno fatica a riconoscere in quell'essere che si trovano di fronte, il loro bambino così aggraziato, così prevedibile anche nei suoi capricci. L'adolescente, in realtà, è portatore delle stesse tendenze della vita, perciò mira ad espandersi in direzioni imprevedibili, talvolta divergenti rispetto a quelle a cui alludeva nella sua infanzia. Egli sta trasformandosi fisicamente e mentalmente, e si scopre continuamente diverso. Egli stesso compie delle azioni, fa delle scelte che poi, ripensandoci, non sa spiegarsi. È frastornato, ma non riesce ad opporsi a quella forza interiore che lo trascina, ora in una direzione, ora in un'altra. Per la stessa ragione si guarda attorno e vede il mondo in modo diverso. Non gli piace più quasi niente del vecchio mondo. Non gli piacciono più il suo abbigliamento e i suoi oggetti, la sua camera, la sua pettinatura, il modo in cui vestono ed agiscono i suoi genitori. Li critica, si oppone, o cerca di trascinarli con sé nel nuovo mondo, che intuisce ma non vede ancora con chiarezza.»

«È vero, questo argomento l'abbiamo sfiorato, ma non l'abbiamo approfondito. L'adolescente è mutevole, perché deve scoprire chi è, cosa vuole essere, cosa vuole diventare. Egli è troppo occupato a scoprire i suoi desideri profondi, a decifrarli, per preoccuparsi delle reazioni e dello stupore dei suoi genitori, e del mondo che lo circonda. Egli sperimenta sulla propria pelle che è portatore di potenzialità diverse e in contrasto fra loro. Ma il fascino dell'adolescenza sta proprio in questa metamorfosi...»

«... in questa lotta fra le differenti personalità copresenti nello stesso individuo», aggiunge lei. «Però, ad un certo punto, egli deve scegliere: una delle personalità deve prevalere sulle altre. Anche se la vincitrice si porterà appresso i residui delle altre personalità, che hanno dovuto soccombere.»

«Ma come fa a scoprire la sua vocazione? Come fa ad individuare la personalità adeguata a sé, ai propri bisogni profondi, alle proprie attitudini, ai propri sogni?» domando più a me stesso che a lei.

«Assumendo via via diversi ruoli, provando e riprovando se gli vanno bene. Va avanti per tentativi ed errori. Ne assume uno, lo sperimenta e poi lo lascia per assumerne un altro. Per questo l'adolescenza è così instabile, così imprevedibile. Perché l'adolescenza è l'epoca della ricerca della propria identità, è l'epoca dei travestimenti.»

«Fammi degli esempi.»

«Mi viene in mente questa immagine. Il ragazzo, o la ragazza è come se si trovassero sul retro di un palcoscenico, dove ci sono camerini con tanti costumi, parrucche, oggetti, gioielli, baffi e belletti. Materiali adatti per trasformarsi, per rappresentare sul palcoscenico diversi tipi di personaggi. Quei camerini sono eccitanti, rappresentano una vera orgia di possibilità, una galleria di personaggi. Perché non provare a sperimentarli, ad interpretarli tutti, e poi scegliere quello più adatto da impersonare da grandi? La tentazione esiste ed è lecita a quella età. E infatti gli adolescenti provano. Immaginiamo una ragazza che entra in un camerino dove ci sono i costumi di Giulietta, l'eroina di Shakespeare. Cosa fa? Indossa l'abito di Giulietta, si trucca, e si prepara mentalmente a recitare quel ruolo. Prova ad essere dolce, languida, innamorata. Spasima di amore per il suo Romeo, è pronta a uccidersi per lui. Però, non con tutta se stessa aderisce alla parte, perché è una prova. Magari, mentre sta recitando, non ricorda più che è una finzione, si è così immedesimata nel personaggio da dimenticare il resto. Ma, ad un tratto, insorge dentro di lei qualcosa che la porta a uscire dal ruolo, a tentare una esperienza diversa. Perché? Perché dentro di lei ci sono tante potenzialità, che premono, e che lei vuol far emergere. Vuole mettersi alla prova, vuole sperimentare un'altra parte di sé. Abbandona gli abiti di Giulietta, entra in un altro camerino e indossa un altro costume. Magari opposto: quello di una donna moderna, ribelle come Thelma o Louise. E una terza volta potrà cambiare ancora, travestirsi da vamp, da donna fatale, una mangiatrice di uomini. O una Circe che li trasforma a suo piacimento. Così, nel giro di poco tempo, subisce delle metamorfosi. E in ciascuna di queste interpretazioni di ruoli stabilisce anche un diverso rapporto con il mondo esterno, e soprattutto con il ragazzo. Quando recita Giulietta lo tratta con dolcezza e amore, quando diventa Thelma o Louise, lo strapazza e lo rifiuta. Mentre, quando diventa la vamp fascinosa, lo conquista e lo lascia subito dopo. Quando immagina di essere la maga Circe, lo attira, lo ammalia e pensa di trasformarlo come e quando desidera. Ed è impossibile che lo stesso ragazzo possa reggere tutti questi ruoli che lei interpreta. Perciò è costretta a cambiarlo. Deve trovarne, ogni volta, uno adatto al ruolo che sta provando.»

«Il travestimento mi sembra una delle ragioni della grande intensità e della breve durata degli amori in questa fase della vita», aggiungo io. «Di chi ci innamoriamo? Ci innamoriamo del nostro destino, ci innamoriamo di chi ci aiuta a diventare ciò che aspiriamo a diventare. Ci innamoriamo di colui o di colei con cui vogliamo attraversare la vita. Ma se siamo in una fase di sperimentazione, di travestimento, non possiamo ancora scegliere in modo definitivo colui o colei con cui attraversarla. Possiamo solo scegliere colui o colei con cui trascorrere quel tratto di tempo, fare quel particolare viaggio, svolgere quel particolare ruolo. Anche se ogni volta pensiamo che sia il vero amore, l'unico, quello definitivo.

«Ogni personificazione», continuo io, «serve a far emergere, a sviluppare una parte di noi stessi, un nostro Io possibile. Per qualche tempo questo Io, questa personalità parziale occupa la scena, poi lascia il posto ad una seconda, ad una terza personalità parziale, finché non viene il momento della scelta definitiva. Finché la personalità più adatta non prende il sopravvento sulle altre. Il ragazzo che, per un po' di tempo ha fatto il paninaro, poi ha avuto un periodo punk e un altro dark, alla fine sceglie il tipo di pettinatura e di abbigliamento che corrisponde al tipo di scuola, di università o di lavoro che ha scelto. Se va all'università sarà un abbigliamento casual, se lavora in banca sarà un vestito formale, se invece vive nel mondo della moda, un abbigliamento molto personalizzato. E quando la personalità più adatta emerge, tutte le personalità parziali precedenti verranno accantonate. Esse potranno emergere di nuovo solo nei momenti di crisi.»

«La personalità definitiva la scegliamo perché siamo più portati per ragioni interne, genetiche, o perché l'ambiente ci spinge in quella direzione? Questa è un'altra domanda che mi frulla nella testa, e a cui non riesco a darmi una risposta convincente.»

«A volte sembrano dominanti i fattori interni», le dico guardandola. «Dove ha ricavato lo stimolo a diventare compositore Giuseppe Verdi che è cresciuto in una famiglia senza tradizioni musicali? Se, invece, pensiamo a Mozart, appaiono importanti i fattori esterni. Mozart è stato educato a diventare musicista da suo padre. Winston Churchill veniva da una nobile famiglia e il padre era un uomo politico. Ma, né l'uno né l'altro avrebbero potuto fare ciò che hanno fatto, se non ci fosse stata in loro una spinta particolare che, interagendo positivamente con l'ambiente, ha fatto germogliare la personalità dominante.

«Anche oggi vale la stessa regola», continuo visto che lei tace. «Quando l'ambiente non è favorevole, quando la personalità fondamentale non incontra ciò che la risveglia e la rafforza, gli esperimenti e i travestimenti dell'adolescenza possono imboccare delle strade sbagliate e, poi, subire delle rapide correzioni. E questo avviene anche nell'amore. La ragazza che ha grandi possibilità interiori, ma che vive in un piccolo paese isolato, compie i suoi primi travestimenti in quell'ambiente, indossa gli abiti dei personaggi che la circondano, e solo in seguito si accorge che non sono adatti a lei, al suo profondo progetto di vita. Non si addicono al suo destino.

«In questo caso la ragazza ha delle cotte, delle infatuazioni e, poiché è calata profondamente nella sua parte, pensa, in buona fede, di essere innamorata. Se incontra degli ostacoli il suo amore cresce. Lotta per realizzarlo. Ma, in realtà, non è veramente innamorata. La sua personalità è come sdoppiata. Quella più superficiale, quella che compie il travestimento ama, quella profonda rifiuta. E allora, presto o tardi, viene il giorno in cui la personalità profonda, quella vera, emerge e, improvvisamente, l'amore scompare. Si accorge che non è più innamorata, che non le importa nulla dell'altro.»

«È esattamente ciò che è successo a Gabriella» fa lei illuminandosi, «una ragazza del sud, alla quale ho chiesto di raccontarmi la sua adolescenza.» Mentre fruga fra i suoi appunti aggiunge: «Ha accettato. Ti leggo il racconto che mi ha inviato».

Abitavo in una frazione di una ventina di case dove c'era una sola ragazza grande. Si chiamava Eleonora. Era semplice e radiosa. Aveva diciannove anni ed io quindici. Era la mia sola amica. Ci volevamo molto bene. Eleonora era fidanzata con un ragazzo di ventisei anni di una città vicina. Ci raccontavamo tutto, lei mi parlava del suo fidanzato, anche dei baci che si davano di nascosto. Era l'unica figlia femmina in mezzo a tanti fratelli. I genitori erano apprensivi e la madre la controllava ancora.

Quando Eleonora riusciva ad avere qualche contatto fisico con il fidanzato, appena restavamo sole me lo raccontava. Io non sapevo niente dell'amore. Così mi raccontava come l'aveva baciata, come l'aveva abbracciata. Un pomeriggio eravamo sole in casa, e lei, portandomi davanti allo specchio dell'armadio, mi ha dato la dimostrazione pratica, perché le avevo chiesto più volte: «Come si fa a baciare un uomo?». Ero molto curiosa.

Lei ridendo, come una che la sa lunga, me lo mostra con semplicità, come si fa con una bambina. Mi stringe a sé, circondandomi il corpo con entrambe le braccia, e mi bacia sulle labbra. «Allora?», fa subito dopo. Ed io strusciandomi le labbra con il dorso della mano destra rispondo: «Non mi piace». «Ti piacerà, ti piacerà quando a farlo sarà il tuo ragazzo.»

Si avvicina il Natale e, insieme al fidanzato, arriva la notizia: «Verrà anche il fratello più giovane del mio fidanzato, vedrai che bel ragazzo. Fatti bella, perché la sera balliamo». Ricordo ancora il momento in cui vedo per la prima volta il futuro cognato di Eleonora. Entra nel salone, mentre io stavo per andare a raggiungerla nella sua stanza. Ci incrociamo sulla porta del corridoio. Lui si ferma guardandomi fisso, io alzo lo sguardo sul suo volto. Ha gli occhi azzurri, luminosi. Arrossisco, abbasso lo sguardo. Lui mi cede il passo. Trafelata raggiungo la mia amica. «È molto bello tuo cognato.» Lei ride. «Ti ha colpito, hai le guance rosse.» «Lo so. Non entriamo subito nel salone, non voglio che mi vedano così», rispondo guardandomi allo specchio. «Ti inviterà a ballare, ne sono certa.» Lei è divertita dal mio imbarazzo, io no. «Smettila.»

Entriamo nel salone e suo cognato Raffaello non

mi toglie gli occhi di dosso. Iniziano le danze e lui mi invita a ballare. Accetto. Mentre balliamo un tango, io guardo altrove. Lui mi parla ed io continuo a guardare altrove. Poi trova un modo per farmi ridere. Così affronto il suo sguardo senza paura. Balliamo insieme per quasi tutta la sera, tranne un ballo concesso a mio padre. Che approfitta per dirmi: «Bambina, non è educato evitare gli altri ragazzi che ti invitano a ballare. Si offendono. Devi ballare anche con loro». Annuisco. Faccio due balli con altri due ragazzi venuti dal villaggio vicino. Raffaello balla con una ragazza con i capelli rossi, ma il suo sguardo non mi abbandona.

Alcuni giorni dopo Eleonora mi dà una lettera. «È di Raffaello, leggila.» La leggo eccitata. Poi gliela passo: «Leggila anche tu».

Mentre legge, il volto della mia amica s'illumina. Poi esclama: «Pensa che bello se anche tu t'innamorassi di lui! Potremmo diventare cognate. Potremmo stare insieme anche dopo il matrimonio. Non è fantastico?».

«Sarebbe bello. Ma mio padre non permetterà mai che io mi fidanzi a quindici anni.» «Questo non è importante. Conta quello che provi tu. Ti piace?» «Molto.» Allora lei mi abbraccia con infinita tenerezza. Sono frastornata.

Eleonora fa in modo che c'incontriamo da soli. Una sera resto a casa sua a dormire. L'avevo fatto altre volte. Raffaello arriva al villaggio con la sua moto dopo il tramonto. Eleonora ed io usciamo per farci una passeggiata, per chiacchierare. Di solito ci mettevamo sedute sul bordo del pozzo, situato dietro la casa, e passavamo delle ore a parlare, soprattutto d'estate. Ma quella sera dietro al pozzo c'è lui. Mi prende per mano con tenerezza e facciamo alcuni metri camminando fianco a fianco. Mi sembra di essere entrata in un sogno. Mi parla con dolcezza, ma la sua mano vibra mentre stringe la mia. Andando via mi abbraccia teneramente. Sono giovane e non vuole spaventarmi. La mia amica l'ha informato della mia inesperienza. Poi, mi scrive tutti i giorni lettere appassionate. Io mi sento importante, fiera. Ho un fidanzato con gli occhi azzurri, che mi ama come nessuno mi ha mai amato.

Una sera viene a parlare con mio padre. Si allontanano dalla casa. Io li osservo dalla finestra con il batticuore. Mio padre gesticola, scuote la testa. È un no, ne sono certa. Lo invita a bere qualcosa, poi Raffaello ci saluta.

Non appena il mio innamorato esce, mio padre mi rimprovera. Dice che sono giovane, troppo giovane per fidanzarmi. «Quando avrai vent'anni accetterò la richiesta di uno dei tuoi spasimanti. E su questo argomento non voglio più tornarci. Alla tua età non si fa sul serio. Sono capricci. Ed io non sono disposto a seguirli. È chiaro?»

Mi è fin troppo chiaro. Ma so anche che Raffaello non si arrenderà. E infatti da quella sera comincia a venire sotto casa con la moto. Si ferma solo qualche minuto per parlare con uno dei miei fratelli. Ma viene, mi saluta, io lo saluto. Siamo complici. Mio padre tace e non lo invita ad entrare. Anzi la sera non mi lascia più andare a casa di Eleonora. Mia madre è d'accordo con lui.

Io, nel frattempo, divento sempre più silenziosa, mangio poco. Quando mio padre mi parla, gli rispondo a monosillabi. Sono scostante, irritante, ostile. La sua testardaggine mi indispettisce ogni giorno di più. Io voglio Raffaello, lo voglio e lui deve accettarlo.

Una sera Raffaello arriva accompagnato dai genitori. Mio padre è molto cortese. Ribadisce che sono troppo giovane per fidanzarmi. Non ha nulla contro il giovane, né contro la sua famiglia. Se mi vuole deve aspettare. Il padre di Raffaello però non demorde. «Lasciamoli fidanzare, di matrimonio ne parleremo fra qualche anno. Non possiamo farli disperare. Si amano, vogliono vedersi. Che si vedano! Poi si vedrà. Mio figlio è diventato intrattabile. Non dorme, di notte gira per casa, fa rumore. In casa non dorme più nessuno. Per la quiete della mia famiglia, le chiedo di accettare.»

«Mi arrendo», dice mio padre, «ma per me è sempre no.» In quel momento lo odio.

Raffaello ha il permesso di venire a casa mia. È già qualcosa. Una sera mi porta un anello. Io lo metto al dito e non lo tolgo più. Ne sono orgogliosa, soprattutto se qualcuno lo nota. Ora è mio padre che cerca d'ignorarmi. E ignora anche lui quando lo vede.

Passano due mesi, Raffaello è felice, e anch'io. Mia madre è gentile. Troppo gentile con Raffaello. Lui si aspetta che ci aiuti, che sia affettuosa con lui e con me. «Ha sempre fatto così», la giustifico io, «lei pensa solo quello che pensa mio padre.»

Una sera Raffaello mi dice che mio padre non è un uomo, ma una pietra. Che non ha cuore. «Quando saremo sposati» aggiunge «staremo sempre insieme. Avremo la nostra casa, lontano, e lui dovrà munirsi di un telescopio se vorrà vederti. E poi avremo dei bambini. Sarà bellissimo, vedrai.»

Chissà perché queste parole mi gelano. Improvvisamente mi vedo come mia madre, alle prese con i lavori di casa, i figli. E con quel tono di perenne autocommiserazione. No! Io non voglio una vita come la sua, mi dico. Voglio una vita diversa, molto diversa. Guardo Raffaello, e non faccio commenti sul suo progetto futuro modellato per me. Ma, quando esce di casa, ho come un senso di liberazione. Non capisco cosa mi sia accaduto dentro, ma sento che sono diventata diversa. Mi tolgo l'anello, lo rimetto nel suo astuccio e lo do a mia madre dicendole: «Quando ritorna la prossima volta, glielo restituisci».

Passano due giorni e Raffaello ritorna. Mio padre è allegro, gli offre da bere e poi, senza mezzi termini, gli dice che io non lo voglio più. Gli restituisce l'anello: «Te l'avevo detto, è troppo giovane. Non ci si deve fidare di una ragazzina. Tu sei già un uomo, vuoi cose diverse da lei».

Raffaello non vuol crederci. Gli trema la voce mentre mi chiede: «Gabriella, dimmi che non è vero. Ti prego, ti scongiuro, dimmi che non è vero! Non può essere vero!». Io volto il capo dall'altra parte. E lui esce stordito, sconvolto.

Nei giorni seguenti mi cerca, mi invia decine di lettere, che io non apro, che non voglio nemmeno toccare. Dico a mia madre di mandargliele indietro. Sono irremovibile. Sono stupita di me stessa. Ma sono incrollabile nella mia decisione. Anche Eleonora non mi capisce, e non vuole più vedermi.

Ancora oggi, quando penso al dolore che ho dato a quel bravo giovane che mi amava sinceramente, mi afferra un senso di colpa profondo. Mi rendo conto di essere stata brutale, crudele. Ma allora non sapevo spiegarmi il cambiamento avvenuto dentro di me. Come facevo a spiegarlo a lui?

CAPITOLO UNDICESIMO

Conseguenze

Sono all'Università IULM di Milano. È una giornata limpida, il sole entra dalla grande vetrata della sala riunione dell'Istituto di Scienze Umane, creando un'atmosfera allegra. Anch'io e la mia équipe siamo euforici, siamo giunti alla fine della ricerca. Infatti è l'ultimo incontro e intendiamo tirar le fila di mesi di lavoro. Per l'occasione è giunta a Milano anche Vieva. E, al solito gruppo, si è aggiunta anche una giovane collaboratrice, Giovanna.

«Quando ho ideato il progetto di ricerca», comincio io, «avevo, fra gli altri, questo obiettivo: verificare che effetto hanno – sull'evoluzione adulta, sugli amori adulti – le esperienze amorose avute durante l'infanzia e l'adolescenza. Molti pensano che non abbiano nessun effetto. Per loro le relazioni emotive veramente importanti sono quelle che si hanno con i genitori. La nostra ricerca ha dimostrato che non è vero. E abbiamo anche scoperto che questa convinzione, forse, è scaturita dall'incessante processo di svalutazione delle relazioni affettive che ciascun individuo compie nel corso della vita. Ad ogni nuova fase vitale, ad ogni cambiamento, noi facciamo di tutto per dimenticare, o per svalutare gli amori del passato, anche se questi sono stati intensi ed importanti. Ogni individuo cerca di liberarsi dei ricordi, per rendere splendente ed unico l'amore che vive in quel momento, sia che gli dia gioia, sia che lo faccia soffrire. Però è anche vero che, quando le persone hanno voglia di aprire il proprio cuore, hanno voglia di essere sincere, rivelano che alcune delle loro esperienze amorose sono state incisive. Sono state gravide di conseguenze. In alcuni casi, hanno dato una impronta a tutta la loro vita successiva. Vi propongo perciò di concludere il nostro lavoro in questo modo: ciascuno di noi racconti un caso in cui la persona intervistata gli ha parlato di un amore infantile o adolescenziale che considera importante, gravido di conseguenze. E direi di dare la parola, per prima, a Vieva.»

Il racconto di Vieva

Vi parlo di Roberto, oggi un uomo di successo, un uomo di grande fascino, che ha avuto un amore infantile intenso, doloroso, profondo, che gli ha lasciato molte conseguenze. Data l'età, non era un innamoramento fatto di rivolta e di rinascita, di volontà di ricostruzione del mondo, ma ne costituiva già il preludio. Roberto, quando aveva dieci anni, si è innamorato pazzamente di una bambina che aveva un anno più di lui. Stava al terzo piano della sua stessa casa, aveva diversi fratelli, uno dei quali era il suo più caro amico. Ma, poiché era più grandicella, non la facevano scendere nel cortile, non partecipava ai giochi, non apparteneva alla stessa banda dei ragazzi. Lui la vedeva sul terrazzino, la incontrava sulle scale o quando andava a casa sua a trovare il fratello. Era bruna, con i capelli lunghi e lisci, pallida, riservata. La trovava bellissima, adorabile. E l'amava pazzamente. Quando la incontrava, sbiancava in volto, gli mancava il respiro. Più volte aveva cercato di restare solo con lei, di parlarle, di stabilire un rapporto più intimo. Ma lei lo aveva sempre evitato, seria, altera, sdegnosa.

Gli faccio notare che, forse, era solo timida. «Può darsi», mi risponde, «ma la sua timidezza la faceva apparire dura, altera, superba. Io mi sentivo rifiutato. Eppure quando ero lontano pensavo continuamente a lei. Provavo uno struggimento doloroso, un desiderio spasmodico di vicinanza, di intimità. Mi veniva da piangere.»

Roberto non aveva mai parlato di amore con nessuno, non leggeva fumetti, i film di amore non lo interessavano. Ma, per qualche misteriosa ragione, sapeva benissimo che «era innamorato». Ed è rimasto innamorato per anni. Non ha mai avuto il coraggio di dirlo apertamente, perché pensava che fosse inutile. Sentiva di esserle indifferente. «Era come una muraglia impenetrabile, un gelo, qualcosa contro cui sbatti senza speranza.» Se avesse parlato del suo amore infelice ai ragazzi del suo gruppo, lo avrebbero preso in giro. Lui era il capobanda, giocavano alla guerra, difendevano il loro territorio. Non era dignitoso innamorarsi di una ragazza che non lo corrispondeva. Era una debolezza inammissibile per un capobanda. Però Roberto è sicuro che, se lei l'avesse ricambiato, se fosse diventata la «sua ragazza» gli altri lo avrebbero accettato, anche se loro non avevano la ragazza, anche se loro ridevano delle cose amorose. Ma con lui non avrebbero osato. Anzi, la sua posizione sarebbe diventata più forte. Lui era diverso e loro lo sapevano. «Avevo il diritto di avere una ragazza al mio fianco», mi dice. «Una compagna, una fidanzata, una amante, che nome dare a questa cosa indefinibile per quella età?»

L'amore non aveva modificato il suo rapporto con la madre o con il padre, non incideva sui suoi giochi e sulla scuola. Però, lo aveva cambiato. Era diventato più serio, più triste. Per lei avrebbe saputo battersi, avrebbe saputo difenderla. Avrebbe voluto averla al suo fianco come compagna. Insieme sarebbero stati più forti. Lei sarebbe «stata come una regina». Quell'amore lo aveva proiettato avanti negli anni, reso più adulto. Roberto non voleva uscire dalla famiglia, però si sentiva pronto ad un ruolo diverso, con i compagni, con le altre ragazze, con tutti quelli del suo mondo. «Avevo solo dieci anni, ma ero pronto ad avere la mia donna.» Ed è probabile che, in un altro ambiente, avrebbe potuto averla. Mentre, per la società in cui viveva, era considerato un atto trasgressivo, per le regole poste dai padri, dalle madri, dal gruppo degli amici. Era questo che produceva in lui un senso di vergogna, di impotenza e il tormento interiore per qualcosa di irraggiungibile.

Roberto sostiene che questo amore infelice ha avuto un effetto sulla sua vita successiva. Perché ha fatto sorgere in lui l'idea che nell'amore esista una profonda ingiustizia. Così ha sviluppato un senso di impotenza e di sfiducia che poi si è espresso in una timidezza profonda verso le ragazze. Lui, che era così sicuro in tutto il resto, sempre il primo, sempre il capo.

A quattordici anni si innamora di nuovo. Ma quel

senso di impotenza, di inutilità torna a paralizzarlo, gli toglie il coraggio di parlare alla ragazza che gli piace. E lo stesso avviene in seguito quando, a sedici anni, si innamora di una compagna di scuola sottile, seria, dolce. «Non ho fatto mai un gesto verso di lei per timore di un rifiuto. Mi ero proibito di amarla. Si possono spegnere i sentimenti, mi creda.»

Gli sembrava impossibile, o perlomeno difficile, che una ragazza potesse ricambiarlo. Per questo anche in seguito, Roberto ha fatto molta fatica ad esprimere il suo amore e questo lo ha portato ad una nuova delusione. Solo più tardi ha rotto l'incantesimo. Si è innamorato, è stato ricambiato, ha avuto una vita amorosa tumultuosa. Ma ancora oggi è convinto che, se fosse stato ricambiato da bambino, avrebbe sviluppato una sicurezza completamente diversa nei confronti delle donne. E tutta la sua vita affettiva avrebbe preso un corso totalmente differente.

Il racconto della dr.ssa Scramaglia

Vi racconto la vicenda di Dorothy, una quindicenne molto carina. Porta i capelli corti, tenuti su dal gel. Il trucco è di tipo egiziano. Gli occhi azzurri, contornati dal segno nero della matita, risaltano nel viso bianchissimo. Il sorriso è aperto e seducente. È magra, veste in modo moderno. Jeans, scarpe da tennis, camicetta nera di strech. La gestualità esprime sicurezza, ed anche quando parla afferma con decisione ciò che pensa. Racconta di essersi innamorata varie volte nella sua vita, fin da piccola, a cinque anni, quando frequentava la scuola materna, e poi anche alle elementari, a sette e nove anni. Infine alle medie, quando ne aveva undici e tredici.

Ma il suo grande amore lo incontra a quindici anni con Paolo, che ne ha diciannove. È un ragazzo alto con gli occhi e i capelli neri riccioluti. È un colpo di fulmine. Si incontrano ad una festa e si «mettono insieme» dopo una settimana. Si vedono tutti i giorni, nel pomeriggio. Passeggiano mano nella mano e parlano per ore. Dorothy ora dice che è stato un periodo bellissimo. Andavano al cinema e a giocare a biliardo. Ridevano, scherzavano. Ad un certo punto, però, a lei non basta più vederlo solo di pomeriggio, vuole incontrarlo anche la sera e durante l'estate. E ci riesce.

Ma, con l'arrivo dell'autunno, i genitori non la fanno più uscire quando vuole. Così incominciano i litigi e i sotterfugi. Per incontrarlo, ogni tanto dice che va a dormire da un'amica. Poi, i genitori scoprono la verità e la puniscono, impedendole di uscire la sera. Dorothy reagisce litigando, gridando, ma non riesce a spuntarla. È disposta a fare qualunque cosa pur di vedere Paolo anche di sera. Pensa di andare a vivere dalla nonna, ma i genitori non glielo permettono.

Per legarsi ancora di più al suo ragazzo, per dimostrargli che lo ama moltissimo fa l'amore con lui. La vive come un'esperienza molto bella. Si sente grande, donna, più esperta di fronte alle amiche, che non hanno ancora avuto l'opportunità di farlo. Dopo due mesi di ulteriori litigi in casa, Dorothy inizia a non mangiare.

Alla fine di novembre, il dramma. Paolo è cambiato, quando si vedono appare distratto. Poi comincia a saltare gli appuntamenti. E, un giorno, le dice che devono lasciarsi, perché il loro rapporto è diventato troppo impegnativo per la loro età. Lui vuole sentirsi libero, vuole divertirsi ancora un po'. Dorothy si sente schiantata, annientata. Perché è il suo grande amore, perché lo ama da impazzire. Per lui sarebbe pronta a scappare di casa, a sposarsi, ad andare in qualsiasi posto, a fare qualsiasi cosa. Ora non ha neanche il conforto dei genitori, con i quali è in conflitto, e che, comunque, non capirebbero.

Dorothy non si rammarica di aver fatto l'amore con Paolo, perché lo ama. Ma ora sta malissimo. Non mangia, non dorme, è agitata, nervosa, ansiosa, anche se per orgoglio cerca di non farlo vedere agli amici. Si sente tradita e le pare impossibile che lui non la ami più.

Poiché in famiglia non la capiscono e non l'aiutano, trova conforto negli amici, un gruppo di ragazzi e ragazze, che le sono stati accanto quando Paolo l'ha lasciata. Loro sanno tutto di loro due, anche che ha fatto l'amore, e la proteggono. Con loro cerca di mostrarsi forte, di non farsi vedere piangere, soprattutto quando incontra Paolo. Non vuol far capire che «gli muore ancora dietro».

Il racconto di Giovanna

«Io vi racconto di un tipo di amore che il professore ha definito *amore consolazione*.»

Lara ha diciassette anni quando si innamora follemente di Salvatore, che ne ha ventitré. Ricorda ancora la sua camminata con le mani in tasca e il capo chino. Ricorda le fughe dal lavoro per correre da lui a fine giornata. Arrivava a casa sua trafelata, impaziente di vederlo e di stare insieme.

Salvatore è un ragazzo molto possessivo, geloso. Lara ha già avuto un ragazzo possessivo che non riusciva a sopportare. Ma questa volta non prova alcun fastidio. Sta molto attenta a non creargli sospetti, dubbi, a non suscitare incomprensioni, anche minime. È diventata tutta casa e lavoro, esce solo con lui e cerca di non tenere mai il telefono occupato, quando sa che potrebbe chiamarla.

Poi Salvatore deve andare in Inghilterra per un periodo di studio e lavoro. Lara vorrebbe andare con lui. Cerca di convincere i genitori a darle i soldi e lasciarla partire per studiare l'inglese. Ma i genitori le dicono che di soldi non ne hanno e che, inoltre, è una pazzia lasciare il lavoro. Come farà poi a trovarne un altro? Niente da fare. Così Lara accompagna Salvatore all'aeroporto. Si abbracciano e lui le promette che le telefonerà e scriverà. Per un po' di tempo lo fa. La chiama la sera, quando costa meno, le racconta rapidamente come ha trascorso la giornata. E le scrive anche delle lunghe lettere. Poi, piano piano, incominciano i periodi di silenzio, intervallati da qualche telefonata, da qualche cartolina. Infine più nulla. Non le scrive nemmeno quando sta per tornare. Ma Lara fa i calcoli con precisione e, scaduti gli otto mesi, telefona ad un cugino di Salvatore. Così viene a sapere che lui è appena arrivato. Allora si precipita a casa sua, vuole fargli una sorpresa. Si aspetta un abbraccio, un bacio, almeno un sorriso. Ma, appena varca la soglia, capisce che è cambiato. L'accoglie con un: ciao, come stai?. La faccia fredda, impassibile, come se fosse una estranea. È tutto finito, si dice Lara, mentre lascia la casa con un senso di gelo nel cuore, le mani fredde, e lo stomaco che le fa male.

Passano alcuni giorni e lui non telefona. Allora decide di chiamarlo lei. Gli chiede cosa è successo, come mai la tratta così. E lui le risponde che è meglio troncare il rapporto, perché sicuramente «lei lo ha tradito durante le sua assenza». Lara ricorda ancora le sue ultime parole: «Ci vediamo fra due o tre anni, quando sarai più grande». E confessa che, per tutti gli anni seguenti, ha continuato a sperare in una sua telefonata. Persino adesso, che è sposata, non sa come si potrebbe comportare se all'improvviso lui comparisse e le chiedesse di tornare insieme.

Dopo l'ultima telefonata, per Lara comincia una sofferenza atroce. Non riesce più ad andare al lavoro. Rimane chiusa in casa per mesi e mesi. Non mangia, si riduce pelle e ossa, pensa al suicidio. I genitori, angosciati, non la lasciano più sola. E, anche in seguito, per molto tempo la tengono sotto controllo. «È stata la più grande sofferenza che io abbia mai provato» dice «la più atroce, la più lunga.» E aggiunge che, forse, non le è ancora passata. Ripensare a lui la fa stare male.

Ricorda di avere rivisto Salvatore diversi anni dopo, mentre passeggiava con suo marito, e di essere scappata via, perché non osava guardarlo. La sofferenza di allora era emersa, violenta, e le aveva di nuovo attanagliato lo stomaco in una morsa dolorosa.

Ha sposato Walter, perché era innamorato di lei e l'ha aiutata a superare quel periodo drammatico, che sembrava dovesse durare in eterno. Ricorda la prima volta che lo ha visto: c'era la nebbia e Walter camminava a testa china, proprio come Salvatore. Ma non era Salvatore. Lara non è mai stata innamorata di Walter. Ha trovato in lui un fedele compagno, un punto di riferimento. Però sono tante le cose che non le piacciono di lui, che le danno fastidio. E più il tempo passa più i suoi difetti le sembrano grandi, addirittura insopportabili. Certe volte vorrebbe che scomparisse o che trovasse un'altra donna. Conclude dicendo: «Quando guardo mio marito, non mi sento viva. Quando penso al mio grande amore, mi viene voglia di piangere».

Il racconto di Rosa

«Ed ora tocca a te», dico rivolgendomi a mia moglie, «raccontaci il tuo caso. Di che cosa si tratta?»

«È la storia di una ragazza del sud. Una ragazza molto giovane e troppo bella che ha perso il suo ragazzo, perché ha cercato di piacergli troppo. Si chiama Isabella. Vi leggo cosa ha scritto, perché ha preferito raccontarla lei stessa, con le sue parole.»

Per me, che vivevo a Lecce, Milano l'ho sempre immaginata come un posto favoloso. Ne avevo sentito parlare dai parenti e, poi, da alcuni amici che erano venuti a viverci. Dicevano che avevano delle belle case, avevano fatto fortuna. Me la immaginavo bellissima, grande come New York. E quindi sono saltata di gioia, quando papà mi ha detto che, per il mio quindicesimo compleanno, mi avrebbe portato a vedere Milano. Lui ci doveva andare per visitare un suo parente a cui era venuta a mancare la moglie. Mi ero preparata con cura. Mamma mi ha sempre comperato dei bei vestiti. Ma per quel viaggio l'avevo convinta a prendermi una gonna a fiori e una camicetta scollata, che valorizzava molto il mio corpo fiorente di quindicenne.

Arrivati alla stazione centrale, mio padre ed io abbiamo preso un taxi per recarci dal nostro parente. Sapevo che aveva un figlio giovane. «Come si chiama il figlio dello zio?», ho chiesto a mio padre mentre scendevamo dal taxi. Eravamo arrivati. Abitava in un grande viale. Avevo il batticuore e non sapevo perché. Forse è la città, così grande rispetto alla mia, pensavo.

Mio padre ha messo le valigie nell'ascensore, schiacciato il pulsante e, poi, mi ha risposto, guardandomi negli occhi: «Si chiama Tonino. Deve avere vent'anni. L'ultima volta che l'ho visto era un ragazzino. Sii affettuosa con lui, la morte della madre è una vera sciagura. È rimasto solo con il padre». «Sì, papà.»

Tonino ha aperto la porta. Vedendolo il mio cuore si è messo a battere all'impazzata squassandomi il petto. Credo di essere diventata bianca come un lenzuolo. Com'era bello! Alto, con gli occhi marrone e i capelli castano chiaro. Indossava un paio di jeans e una camicia azzurra sbottonata sul petto muscoloso. Io sono abbastanza alta, ma sette anni fa ero più magra. Mi sentivo un fuscello di fronte a quel corpo maestoso. Ci aveva accolto con un sorriso. «Ciao, zio Antonio!» Mio padre lo aveva abbracciato forte. «Questa è mia figlia Isabella.» «Ciao, Isabella», aveva fatto, baciandomi su una guancia.

Io non riuscivo a dire una parola. Avevo la gola secca. Credevo di soffocare. Per fortuna è arrivato lo zio Nicola: l'abbraccio, mentre le lacrime mi colano sulle guance. Lo zio mi accarezza, credendo che pianga per la sua disavventura. Certo, mi dispiaceva, ma non sino al punto da piangere. Anche perché la zia scomparsa non l'avevo mai conosciuta. Le mie lacrime erano per Tonino. Non ne conoscevo la ragione, ma sin da quando mio padre mi aveva detto che mi avrebbe portato con lui a Milano, ero entrata in uno stato di euforia. Qualcosa accadrà, mi dicevo.

È accaduto più di quanto potessi immaginare. Il giorno dopo Tonino, spinto da suo padre, mi porta sulla sua moto a vedere la città. Prima il Duomo, la Scala, il Castello sforzesco. Poi: «Andiamo ai navigli», mi dice, mentre monto in moto con lui. La moto sguscia fra le automobili, gira, imbocca altre vie. Ma non vedo nulla. Sto stretta al suo corpo forte e protettivo, con gli occhi chiusi, come se quello fosse il mio posto da sempre.

Tonino ferma la moto su una strada che costeggia un corso d'acqua. «Siamo quasi a Vigevano», dice prendendomi per mano. Restiamo per qualche minuto in silenzio a guardare l'acqua, che lenta scorre. Poi Tonino mi conduce lungo un viottolo, un prato, un piccolo bosco. Si toglie il giubbotto di pelle, l'adagia sull'erba e si siede sulla manica, lasciando il resto steso per me. «Non hai l'accento pugliese. Come mai?» «Ho una madre slava.» «Capisco», fa. «Cosa?» Mi tende la mano, e mi aiuta a sedermi accanto a lui. «I tuoi occhi. Non ne ho mai visti così grandi e scuri come la notte.»

Non ricordo di cosa abbiamo parlato. So solo che a un tratto mi trovo stretta a lui, con il viso schiacciato contro il suo petto, e le sue mani mi scompigliano i capelli. Ricordo che i nostri corpi erano diventati un groviglio di mani, di capelli, di braccia, di pelle, di baci. «Dov'eri?», mi chiede lui, mentre mi bacia avido. «Dov'eri?» Io non so cosa rispondergli. Le lacrime scorrono silenziose. «Non piangere, non ti lascerò mai più.»

S'era fatto tardi. Era settembre e il cielo era di un azzurro intenso. Siamo tornati a casa senza dirci altro. Nell'ascensore mi accorgo che il pullover di Tonino è sporco di fondotinta. Senza esitare se lo toglie e lo rimette al rovescio.

Ho passato tre giorni di sogno, tre giorni di folli corse in moto, tre giorni di baci. Il terzo giorno alla stazione Tonino ci saluta dicendo: «Verrò a trovarvi presto». Io resto muta. Seduta accanto a mio padre vedo il treno lasciare la periferia della città e poi correre in una vasta pianura. «Ti sei innamorata di Tonino», fa mio padre senza guardarmi. Annuisco. «E lui?» «Anche lui, papà.» «La lontananza non vi favorisce. E questo non devi dimenticarlo.» «Perché? Io non lo dimentico, anche se è lontano.» «Va bene, va bene. Non voglio spaventarti. Sei giovane, troppo giovane, e anche lui. Il cambiamento alla vostra età è come il vento, vi trascina dove vuole lui.» «Io non cambierò.»

Tonino è venuto a trovarmi dopo due settimane. È restato da noi alcuni giorni. Mia madre era affettuosa con lui. Le piaceva molto. Ma a casa mia non potevamo abbracciarci, baciarci come desideravamo. Mia madre, ma soprattutto i miei fratelli, non ci lasciavano mai soli. Erano gentili, ci portavano fuori a cena, a spasso per la città. Ci baciavamo con gli occhi. Spostavamo lo sguardo sui nostri corpi con il tacito accordo che li stavamo coprendo di baci.

Eravamo a tavola e Tonino l'indomani sarebbe partito. Ad un tratto dice rivolto ai miei genitori: «La prossima settimana Isabella potrebbe venire a Milano. Ci penso io ad andare a prenderla alla stazione. E poi c'è mio padre, non dovete preoccuparvi».

Il mio fratello maggiore, Alfredo, risponde prima che i miei genitori possano formulare nella mente qualsiasi pensiero. È così tempestivo e categorico che lascia tutti di sasso. «Mia sorella ha solo quindici anni, non può scorrazzare su e giù per l'Italia. Sei tu l'uomo, sei tu che devi viaggiare. E qui sei sempre il benvenuto.»

Partito Tonino, io non riesco più a dormire, a mangiare, non mi interessa più nulla. Resto sul letto tutto il giorno a pensare a lui, a scrivergli. Leggo e rileggo le sue lettere. Le imparo a memoria. Mi parla di tutto, di ciò che fa, del tempo che passa a pensare a me. Anche lui la sera si sdraia sul letto e mi pensa. Non parla mai di mio fratello Alfredo. Anche lui lo odia, ne sono certa, mi dico.

Dopo un mese arriva senza avvisarmi. Ma non mi coglie di sorpresa. Io lo aspettavo e mi sono preparata, mi sono truccata con cura, ho indossato un abito lungo. Quando suona il campanello della porta arrivo prima di mia madre ad aprirla. Ci abbracciamo e restiamo così sulla soglia.

Mio fratello Alfredo, forse per farsi perdonare, decide di accompagnarci in discoteca con degli amici. È una discoteca piccola, dove andavamo spesso, e noi ragazze molte volte ballavamo sole. Io adoro ballare.

Quando ballo vengo presa come da una vertigine, mi sento fuori del mondo, felice. Quella sera sono elegantissima, con un corsetto di strass ed una minigonna. Voglio piacergli, piacere a tutti per lui. Durante il ballo mi scateno. Ballo per lui, per dirgli il mio amore, la mia passione, per mostrargli la mia bravura e la mia bellezza. Ho dimenticato che lui mi ha detto che non sa ballare. Tutti sanno ballare i balli moderni, basta agitarsi un po' e va sempre bene. Invece Tonino tenta con me qualche ballo lento, poi si ferma a guardarmi al bordo della pista. Attorno a me si assiepano molti ragazzi. Io sono come indemoniata. Gli faccio cenno da lontano, gli mando dei baci, ma lui mi ricambia con un sorriso un po' mesto.

Ad un certo punto non lo vedo più. Sento come un gelo al cuore. Corro fuori a cercarlo, tutta sudata. Lo trovo solo, immusonito. «Perché non vieni a ballare anche tu, non è difficile», gli dico. «È la nostra festa, è per noi.» «Vieni spesso a ballare qui?» «Sì, i miei fratelli mi accompagnano spesso. Sono molto brava, vero?»

Lo riporto dentro un po' riluttante. Balliamo stretti stretti. Poi arriva mio cugino Andrea, un pazzo scatenato, che mi porta al centro della pista ridendo. Con lui faccio un numero da applausi.

Perché l'ho fatto? per piacergli ancora di più? per farlo ingelosire? per lasciargli un ricordo indelebile, perché non potesse più dimenticarmi? Qualsiasi motivo fosse, Tonino non ha capito niente.

Il mattino dopo parte senza salutarmi. Sento che bisbiglia qualcosa a mia madre nel corridoio, e poi esce. Torno sul letto e piango non so per quanto tempo. Poi mi addormento. È quasi sera, quando mi sveglio. Le tapparelle sono rimaste chiuse. Dalla luce che filtra, capisco che fuori scende la notte. Mia madre entra con passo felpato. «Il tuo amore è partito presto, perché fra due giorni deve presentarsi in caserma. Ti scriverà.»

Non commento. Sento che non scriverà, eppure non voglio crederci. Aspetto, giorni, mesi, anni. Nessuna lettera. Non lascio più la mia camera, quando qualcuno dei miei è in casa. Ogni mattina vado in bagno, mi trucco con cura e torno sul mio letto. Mia madre rinuncia a incitarmi ad andare a tavola con loro. Mi porta in camera un piatto. Che io assaggio. «La mia suora di clausura. Continua così, vedrai, fra qualche anno sarai brutta, la pelle opaca e cadente. Vuoi capirlo che il mondo è pieno di giovani? Che la vita non finisce con il primo amore? Tutti l'abbiamo provato, non sei tu la sola, l'unica. Ma tu vuoi essere una eccezione in tutto, e ti ostini...»

Non l'ascolto più. Lei si dispera. Mio padre, che io adoro, è diventato triste, ma io non riesco a dare più un senso ai giorni. Mi sento come la statua di sale del mito. Ho paura di guardare verso il futuro. Il mio pensiero si è fermato su quei giorni passati con Tonino. Rivedo ogni gesto, odo ogni parola. Ogni ricordo lo tengo inchiodato nel presente. Lo inchiodo con ostinazione in ogni giorno che nasce.

Sono rimasta chiusa nella mia camera per quattro anni. Sempre elegante, sempre truccata per aspettare lui. Quattro anni di attesa, di speranza, di angoscia, di espiazione, di rimorso, di collera.

Alla fine del quarto una mattina esco di casa. Riprendo ad andare a scuola e, da privatista, recupero parte del tempo perduto. I miei genitori fanno di tutto per assecondare il mio risveglio. Mi portano al mare, in montagna, a Napoli, a Roma, a Venezia, a Vienna, a Parigi, a Milano.

Presso una cugina di mia madre, che abita in Brianza, conosco un giovane imprenditore. Mi chiede in moglie dopo qualche mese. Lo sposo. Mi adora, vivo a Milano, aspetto il primo bambino. Ho solo ventitré anni. Ma, camminando per strada, spero sempre di incontrare lui. Non l'ho dimenticato. Forse non lo dimenticherò mai.

Il mio racconto

«L'ultima storia la racconterò io», dico alzandomi. Penso meglio se cammino, aiuta la mia concentrazione. «Parla di una guarigione. Solo l'amore corrisposto, il grande amore guarisce il dolore, il desiderio, il rancore, il senso di rivalsa rimasti imprigionati dentro di noi dopo una grande delusione.»

Eva ha sedici anni quando si innamora di Sergio, un ragazzo di due anni maggiore di lei. Lei è molto bella e lui molto ricco. Il padre di Sergio è un grande professionista, sempre pieno di impegni, sempre in viaggio. Però ha il culto della casa e della famiglia, e adora suo figlio. Un giorno sua moglie, stanca della vita che sta facendo, incomincia a farsi degli amanti più giovani. E, dopo qualche anno, chiede il divorzio. Per l'uomo è una catastrofe. Ha una grave crisi nervosa. È terrorizzato all'idea che Sergio possa lasciarlo come la madre. Il ragazzo è molto combattuto, parteggia ora per l'uno ora per l'altro dei due genitori. Poi decide di stare con il padre.

È in quel periodo che Eva incontra Sergio. È stordito, spaventato, ha un grande bisogno di certezze e di affetto. Il suo umore cambia di mese in mese, di giorno in giorno. Eva, convinta di poterlo aiutare, gli sta vicina il più possibile. Lui le confida le sue pene, i suoi dubbi, e lei ascolta attenta, cercando di dargli consigli. I suoi genitori sono contenti che si fidanzi con Sergio, perché sanno che è ricco e sperano che si possano sposare. Perciò non le creano alcun ostacolo. E ostacoli non ne crea neanche il padre di Sergio, assorbito dal suo dolore e dai suoi problemi. Anzi, vede l'arrivo di quella ragazza, bella e dolce, come una fortuna insperata. Eva incomincia così a frequentare la casa di Sergio. Finita la scuola va direttamente lì. Poiché il padre è fuori, hanno la casa a disposizione, i domestici, una loro stanza da letto. Possono fare insieme i compiti, l'amore, andare al cinema, cenare senza che nessuno li disturbi. Però Sergio è sempre irascibile e violento. Litiga ferocemente con il padre e, ogni tanto, si rivolta contro di lei, come se fosse una estranea. Eva comincia a domandarsi se Sergio è veramente innamorato. Oppure la usa come sostituto della madre. O perché può fare all'amore con comodità a casa sua.

Quando Sergio parte con suo padre per un viaggio, la ignora completamente. Dà per scontato che al suo ritorno sia pronta e sollecita al suo richiamo. Sergio ha amici ed amiche in Francia ed in Inghilterra, e lei si sente esclusa, tagliata fuori. Sergio fa anche molti sport, il tennis, lo sci, la barca a vela. Porta Eva con sé in una delle sue case al mare o in montagna. Ma lei è povera, ha il problema dell'abbigliamento, dell'attrezzatura sportiva. Per orgoglio non gli chiede mai nulla. E Sergio sembra non rendersene conto. Per questo, diverse volte, rinuncia a partire inventando una scusa. Rimane a casa, mentre lui va in Corsica o in Sardegna, a mordersi le mani, perché sa che lui è con le altre a divertirsi. «Al ritorno, lui mi trattava come una vecchia moglie, che è sempre a disposizione», dice con la voce un po' tremante. «Ma io mi sentivo la sua cameriera tuttofare. E me ne vergognavo.»

Poi, un giorno, andando a casa di Sergio, lo trova con un'altra, e decide di lasciarlo. «Ero stata umiliata a sufficienza» dice «dovevo salvare un po' di dignità.» Eva soffre molto, ma stringe i denti. Si butta nello studio, si diploma e, poi, si trova un lavoro.

La sua seconda storia amorosa l'ha con un uomo sposato, ma separato dalla moglie. Un uomo nevrotico, incostante che la ricambia un mese sì ed uno no. Eva non riesce a capire il perché del suo comportamento e soffre. Ma, ogni volta, si sforza di compiacerlo, di perdonarlo, e ritorna da lui. Soltanto in seguito lui le confessa che è pieno di sensi di colpa, di paure, non sa se effettivamente prova qualcosa per lei. Pensa che sia troppo giovane. Perciò ogni tanto fugge, si irrigidisce.

Eva passa quasi due anni in questo modo, col cuore in gola, piena di angoscia. «Gli amori della mia giovinezza sono stati un disastro», mi dice ad un certo punto sorridendo. «Anche se io ce l'ho messa tutta per farli riuscire. Ma alla fine ero diventata diffidente, sospettosa, un fascio di nervi.»

Questo atteggiamento sospettoso termina quando Eva si innamora di quello che, poi, diventerà suo marito. «Appena l'ho conosciuto» mi dice, «ho sentito che con lui sarei stata al sicuro. Aveva un volto sorridente, sereno, forte. Ho capito che era un uomo capace di dare e non solo di ricevere. Fin dall'inizio mi ha fatta sentire importante, mi ha dato quelle piccole attenzioni, quelle piccole prove di amore costante, solare, che non avevo mai ricevuto. Mi sono sentita finalmente amata. Amata profondamente, gioiosamente. Ho capito che lui era l'uomo per tutta la mia vita. Ed anche adesso io sono certa che starò con lui per sempre, che non ci separeremo mai. Ho capito che, se si ama veramente, non c'è bisogno di passare il tempo a domandarci se siamo fatti l'uno per l'altra, se possiamo andare avanti. Ci si ama e basta, senza tanti problemi. E vengono naturali il rispetto e le attenzioni, anche le più piccole, come telefonare in un momento in cui non te lo aspetti, ricevere i fiori un giorno qualsiasi. Avvicinarsi e darsi un bacio.

CAPITOLO DODICESIMO

Conclusioni

I risultati di questa ricerca mi consentono di dare la dimostrazione della teoria sull'innamoramento e sull'amore esposta negli ultimi anni. Confermano che l'innamoramento è una modalità del cambiamento. Gli individui si innamorano quando iniziano una nuova fase della vita, quando entrano in un nuovo mondo, in un nuovo contesto sociale. È allora che le precedenti relazioni perdono di significato, diventano un peso, un limite. È allora che, ad un certo punto, il soggetto le infrange, e rivolge il suo erotismo, il suo amore verso una nuova persona che simbolizza il mondo in cui vuole entrare. Che simbolizza il futuro.

Anche l'amicizia è connessa al cambiamento. Ma non deve essere confusa con l'innamoramento. Amicizia e innamoramento sono due categorie distinte fin dall'infanzia. L'amico non simbolizza il nuovo mondo, la meta. Egli è colui che ti accompagna nel viaggio, che sta al tuo fianco, sincero e fedele. È colui che ti consente di affrontare il rischio del nuovo, il rischio dell'amore.

I bambini, come abbiamo visto, scoprono l'amico del cuore e si innamorano per la prima volta quando entrano nella scuola materna, a tre anni, e poi a sei anni, quando entrano nella scuola elementare. In seguito, tornano ad innamorarsi ad ogni passaggio: alla scuola media, in quella superiore e, infine, quando si avviano a diventare adulti. L'amicizia ha lo stesso andamento, ma è più stabile, più duratura.

Il processo amoroso ha tanti gradi, tanti livelli di profondità. Il primo livello, quello più semplice, è l'attrazione, il desiderio di qualcuno che «ti piace». Appare già a tre, quattro anni, in modo improvviso, come «colpo di fulmine». E conserverà questo carattere improvviso, imprevedibile, non controllabile, per sempre. Non ci si innamora a piacimento, non possiamo farci piacere qualcuno con la volontà. Possiamo fare molte cose nella vita usando la volontà. Ma l'attrazione, l'innamoramento sfugge a questa risorsa umana, a questa tendenza a voler forgiare la nostra vita e il nostro destino. Per questo, la persona che emerge dall'ignoto ci affascina e ci spaventa. Perché non possiamo sapere se ci vuole, se è sincera. Sappiamo solo che desideriamo stare con lei, desideriamo che ci ricambi. Anche l'atto iniziale dell'innamoramento, il primo passo, fin dalla prima infanzia, è un rischio.

E assistiamo subito ad un paradosso. La verità dell'innamoramento ci si rivela più pienamente nel bambino che nell'adolescente, o nell'adulto. Infatti nel bambino quel «mi piace» non è effimero, dura. Diventa effimero più tardi, quando l'adolescente incomincia a provare il desiderio sessuale che si placa appena soddisfatto. Ma soprattutto diventa effimero quando l'adolescente si propone di conquistare quello che emerge nel gruppo. Oppure quando usa il proprio corpo per conoscere gli altri o per conoscere se stesso, mediante le sensazioni che è capace di provare. L'adolescente usa il proprio corpo per esplorare il mondo delle emozioni. Usa il corpo come una sorta di radar.

Mentre il bambino non sa che può esplorare il mondo delle emozioni con il proprio corpo. Ma soprattutto non vuole affermare il suo potere seduttivo agli occhi degli altri, non usa la sua capacità di farsi amare per sperimentare la sua potenza, e il suo potere. Può diventare così più tardi, quando vuol emergere dal gruppo. Ma quando è piccolo, è ingenuo, è sincero. Quando dice «mi piaci», il bambino rivela la sua verità essenziale. Significa semplicemente voglio stare con te, voglio starti accanto, ti voglio bene.

E la stessa chiarezza, la stessa elementarità c'è nell'amicizia. Anche l'amicizia compare prestissimo a quattro, cinque anni, e si presenta come sentimento morale completo, maturo. La base dell'amicizia è la fiducia. L'amico è colui con cui stai bene, in pace, con cui esplori il mondo. L'amico è colui che ti aiuta, ti capisce. Puoi confidargli i tuoi pensieri più intimi, i tuoi segreti, sicuro che li terrà per sé, che non ti tradirà, ma starà sempre dalla tua parte.

Anche qui c'è un paradosso. Il tipo puro di amico, il modello ideale descritto da Cicerone nel *De amicitia*, lo realizza più compiutamente il bambino che l'adulto. Nell'amicizia adulta si insinua sempre qualche riserva, qualche maldicenza, qualche invidia, qualche calcolo del dare e dell'avere. In quella del bambino no. E non c'è la minima confusione fra amicizia e innamoramento. Sono categorie mentali differenti che, qualche volta, l'adulto confonde. Ma il bambino mai.

L'amore del bambino è commovente perché egli non

sa fingere, non sa mettere in scena sentimenti che non prova. Non manipola se stesso per manipolare gli altri. È sincero, trasparente, semplice, veritiero. Il bambino sa dire bugie per evitare la pressione dei grandi o per attirare la loro attenzione quando si sente trascurato. Ma non mente a se stesso, su ciò che prova, e non mente agli altri. Per questo, quando è innamorato, è timido. Perché non sa come l'amato reagirà al suo amore e non sa come manipolare i propri comportamenti, non sa come mettere in scena i sentimenti che servono per sedurre.

Fra gli adulti si comporta così solo chi è innamorato pazzo, perché vede l'amato così in alto e lontano che non può pensare di sedurlo. Per lui, come per il bimbo, l'amore è miracolo, dono, grazia.

L'innamoramento del bambino, rispetto all'innamoramento dell'adulto, non è sovversione, rivoluzione, distruzione del passato, dei legami preesistenti. E, quindi, non è creazione di un mondo nuovo. Non è lacerazione e rottura, non è l'intravedere un regno messianico. Il bambino dipende dai genitori, non può rompere i legami con loro. Non può creare una nuova società, che si muove libera nel mondo. Il suo amore ha solo un embrionale *stato nascente*, perché non può attuare una rivoluzione nel suo mondo, non può produrre una coppia libera, autonoma, indipendente. Ma in ogni caso crea un polo amoroso. Non cerca di rendersi indipendente dai genitori perché ha paura. Perciò si divide in modo saggio fra loro, il suo amore ed i suoi amici. Così raggiunge un punto di stabilità.

Come può esserci un innamoramento senza stato nascente o con uno stato nascente solo accennato? Come è possibile un legame stabile senza che le due personalità si dissolvano e rinascano unite, fuse? Perché il bambino è, per natura, meno strutturato, più plastico dell'adulto. Non c'è perciò bisogno di una fase di destrutturazione della personalità esistente. Non c'è bisogno di una rinascita perché il bambino sta nascendo. L'innamoramento è una forma di imprinting. E l'imprinting avviene solo nei momenti iniziali della vita animale, quando il sistema nervoso è in formazione. Lo stato nascente crea appunto una situazione di questo genere, una particolare predisposizione all'imprinting. Ma nel bambino ce n'è meno bisogno.

Il bambino non si occupa della dimensione sociale, non ha bisogno del gruppo, perché la società e il gruppo esistono indipendentemente da lui, formati dagli adulti. Ed egli non vi si contrappone. All'interno di questa serra protettiva manifesta se stesso. Egli è perciò essenzialmente individuo. Ama, giudica, sceglie come individuo. All'inizio lo fa senza preoccuparsi degli altri, delle loro opinioni, del loro giudizio. Poi incomincia a tener conto di loro, della loro valutazione. E allora diventa timido, perché non sa più se, quando ama, è riamato. Ed ha vergogna perché ha paura dell'intrusione degli altri nel suo mondo interiore. Ha paura che il gruppo derida i suoi sentimenti più intimi, delicati.

Con la timidezza il bambino si protegge dalla delusione. Con la vergogna, dalla invasione dei giudizi del gruppo dei pari. Il bambino sta nel gruppo, gioca nel gruppo, ma non vuole che il gruppo entri nel suo mondo intimo. Perciò si chiude, si difende da ogni attacco esterno. In questo è molto diverso dall'adolescente che, invece, si fonde con il gruppo dei pari e dipende dai suoi giudizi, dai suoi valori.

Al posto del gruppo, il bambino ha l'amico del cuore. Cioè un altro individuo. A lui può confidare ciò che non dice agli altri, nemmeno ai genitori. Solo a lui può affidare quella parte intima di sé che sta crescendo, e che ha bisogno di un ambiente protetto, riservato.

Il passaggio dalla infanzia all'adolescenza avviene con l'ingresso in una nuova società, distinta dal mondo dei grandi. Nessuno diventa autonomo da solo, ma attraverso altri, unicamente con altri. L'adolescente conquista la sua autonomia dal mondo adulto, entrando nel gruppo degli adolescenti, con la sua musica, i suoi valori, le sue mode, i suoi profeti e i suoi capi. Entra nella società giovanile, superandone le procedure iniziatiche, ne indossa la divisa e ne assume i miti e gli dèi. È l'epoca in cui le ragazzine impazziscono per i loro divi della canzone e, in gruppo, corrono a cercarli, toccarli, ad adorarli eccitate, congestionate, piangenti, urlanti. Non sono più né timide né vergognose, perché sono una collettività.

Gli adolescenti costituiscono una società a sé stante, diversa da quella infantile e da quella adulta. Essa funziona da sistema protettivo e da incubatrice. Il bambino deve difendere la sua interiorità. Per questo è riservato, timido, ha vergogna. L'adolescente, invece, esprime tutto ciò che pensa e che sente, perché è protetto dalla sua società, dal suo gruppo.

L'adolescenza non è perciò solo un periodo di transizione, collocato fra infanzia ed età adulta. Lo era nel passato, quando esistevano i riti di iniziazione. Adesso l'adolescenza, che dura una decina di anni, è anche un modo di vita, una cultura. Questa cultura, erede dei movimenti giovanili degli anni Sessanta, è ormai una componente stabile della società occidentale. I giovani hanno la loro musica, i loro miti, i loro valori, i loro profeti e i loro santuari. Hanno propri gusti, proprie mode, diffuse su tutto il pianeta. Per questo l'ho chiamata l'*internazionale giovanile*.

Non c'è più conflitto diretto fra l'adolescente e la sua famiglia, non c'è più bisogno che il ragazzo contesti il proprio padre o la propria madre. Arrivato a undici, dodici anni, egli entra in questa società diversa, che lo fa per lui. È al suo interno e con la sua protezione che si rende autonomo non solo dai genitori, ma dal mondo adulto.

È per questo che alcuni adolescenti non hanno nemmeno bisogno di innamorarsi, di formare una coppia, per staccarsi dalla famiglia. Possono lasciarla con facilità perché hanno già pronta, tutta per loro, una comunità alternativa formata dai pari. Potremmo dire, con una espressione impropria, che sono «innamorati» del gruppo, che si sono «convertiti» al gruppo. Effettivamente alcuni hanno uno stato nascente che li immette nel particolare gruppo culturale del momento – paninari, dark, punk, metallari, etc. – e, attraverso questo, nell'internazionale giovanile.

L'internazionale giovanile è essenzialmente un mondo dello svago: stare insieme, corteggiare, ascoltare musica, partecipare ai concerti, fare dello sport, andare in discoteca. Ha propri spettacoli cinematografici, propri programmi televisivi.

Eppure anche quei giovani che, più di tutti gli altri, sembrano apatici, indifferenti, assorbiti nei più stupidi rituali di gruppo o nella competizione erotica, possono risvegliarsi. E improvvisamente sono capaci delle più nobili azioni, in caso di necessità o di richiesta d'aiuto. Lo si è visto nel 1966 quando, dopo l'alluvione di Firenze, sono venuti da tutto il mondo per aiutare a salvare un patrimonio artistico che appartiene all'umanità. Così come possono mutarsi improvvisamente in guerrieri fanatici e crudeli in caso di guerra, come nei Balcani.

Il fatto che passino il tempo bighellonando fra di loro senza far nulla o alla ricerca dello «sballo» in discoteca, indica che non si accontentano della vita quotidiana. Lo sballo è la forma più primitiva, più semplice dell'eccesso, dello straordinario, una metafora del sacro, ma senza contenuto. È puro superamento, puro andare al di là. Anche il ragazzo travestito da marziano, anche il punk, anche la cacciatrice di uomini, si ribellano alla quotidianità adulta, violando le regole del mondo. È uno dei tanti modi per fare qualcosa di diverso, di alternativo. Perché esiste in loro una spinta insopprimibile a differenziarsi dal passato, da ciò che è, a creare l'inusitato, il nuovo.

Non è solo la ribellione ai genitori, non è solo il desiderio di autonomia, è un vero e proprio bisogno di innovazione. È una esigenza di trascendere l'esistente. Solo che questa innovazione non viene compiuta dall'individuo o dalla coppia, ma dalla collettività giovanile. È il gruppo che consente all'individuo di provare, sperimentare, travestirsi anche nelle direzioni più imprevedibili, più folli.

Il gruppo, anche il gruppo più scalcinato, è l'embrione di una possibile società alternativa. Di una società non succube, non copiata dagli adulti, ma originale, diversa. E le mode che in esso si producono, anche quelle seguite più passivamente, sono il segno dell'esigenza di continua differenziazione, di continua innovazione. È il segno che i giovani vivono nel futuro e lo mettono in scena. Questo futuro esiste anche quando non hanno una utopia politica o religiosa, anche quando non hanno programmi a lungo termine, anche quando il tempo sembra annullarsi nel presente. Perché quel presente diverso dal presente degli adulti, quel presente che è solo loro, della loro generazione, è già futuro. Poiché ogni generazione è destinata a sostituire quelle precedenti, porta in sé l'universale, il destino.

Se i giovani si comportassero come i bambini, farebbero propri i valori degli adulti, degli anziani. E non ci sarebbe futuro, ma solo passato. Come è avvenuto per generazioni e generazioni nelle società primitive o nell'antichità più remota. È per questo che oggi essi rifiutano la storia.[26] Perché la storia li riporta inevitabilmente nel passato, nel già detto, nel già fatto, nel già deciso. Solo agli inizi dei movimenti collettivi[27] la storia si rinnova. Perché è storicizzazione, è rifacimento del passato per aprire la strada al futuro. Ma quando non ci sono grandi movimenti, la storia assorbe il presente e il futuro in se stessa. Per questo essi oggi la rifiutano.

Però viene il momento in cui l'individuo è sufficientemente forte, sufficientemente autonomo per distanziarsi dal gruppo, dal suo giudizio, dalla sua pressione. E allora può riprendere la strada della costruzione di una coppia amorosa. L'innamoramento rende l'individuo autonomo dal gruppo dei pari. Esso è, infatti, lo stato nascente di un movimento collettivo formato da due sole persone, e crea una comunità intensa, ardente, capace di affrontare da sola la famiglia, gli amici, il mondo, di imporgli il proprio progetto. Il grande innamoramento da cui sorge la coppia stabile segna spesso l'uscita dalla adolescenza e l'ingresso nella vita adulta.

La tradizione psicologica e sociologica ci presenta la vita come una specie di progressiva maturazione. Il bambino acquisisce sempre nuove capacità, poi sviluppa la sessualità puberale, infine diventa adulto, maturo. Nello stesso modo crescono, maturano le sue qualità morali, come l'amicizia, la fedeltà, l'impegno. E cresce, matura la sua capacità di innamorarsi e di amare. Tutti i difetti, le carenze della vita adulta sono spiegati come regressioni, comportamenti infantili.

La nostra ricerca ci porta a conclusioni completamente diverse. Il bambino è capace di innamorarsi, di provare i sentimenti morali. Sa perfettamente cos'è la fiducia dell'amicizia e la fedeltà dell'amore. Lo stesso vale per il preadolescente e, poi, per l'adolescente. La vita non è un progresso lineare, una continua salita. È fatta di cicli. C'è un ciclo infantile, uno adolescenziale e uno adulto. Anzi più di un ciclo adulto. In ogni ciclo vi sono amicizie e amori con una loro specificità.

Gli amori infantili segnano l'inizio delle diverse tappe dell'infanzia: la scuola materna, la scuola elementare. Poi ci sono gli amori della prima adolescenza con l'ingresso nella scuola media e nel mondo giovanile. È l'epoca delle infatuazioni per i divi. Segue l'adolescenza vera e propria, con le sue esplorazioni, i suoi travestimenti, i primi innamoramenti a carattere di rivolta. Però non è vero che l'adolescenza sia l'epoca privilegiata dell'innamoramento, e che l'amore dell'adolescenza sia il grande amore che spazza via ogni cosa e dura. Molti amori adolescenziali sono pseudoinnamoramenti, cotte, infatuazioni competitive.

E restano tali finché l'adolescente non incomincia ad emanciparsi dal gruppo dei pari, e ritorna individuo. È allora che si innamora profondamente, che crea una coppia. Di solito questo avviene quando va a vivere da solo, o all'università, o a lavorare. È l'inizio della vita adulta.

Ogni epoca della vita è un mondo a parte, in cui si entra con nuovi amici ed un nuovo amore. Noi ci innamoriamo quando siamo pronti a cambiare, quando le vecchie relazioni si sono deteriorate o ci appaiono inadeguate a quel qualcosa di nuovo che ci chiama. Allora c'è un periodo di creazione, di ricerca e scontro. Da essi sorge un nuovo assetto stabile: l'istituzione. E il processo si ripete anche in seguito, ogni volta che il soggetto entra in una nuova fase esistenziale.

Le diverse fasi della vita sono tanti mondi, tanti universi sociali e culturali, ciascuno con una sua coerenza, un suo valore, un suo punto di equilibrio. Il soggetto deve uscire dal primo ed entrare nel secondo, come un emigrante che va in un nuovo Paese. Poi, quando si è adattato, deve emigrare nuovamente, e così via.

Anche l'ingresso nel mondo adulto non è l'ultimo viaggio, l'ultima migrazione. Anche la vita adulta è fatta di cicli. Perché la società si trasforma incessantemente. Cambiano i sistemi politici, i modi di vita, i valori. Quell'uomo, quella donna si troveranno in una società mutata, in un'altra città, con un altro lavoro, fra altra gente. Dovranno cambiare ancora e, per farlo, incontreranno nuovi amici e nuovi amori. Poi verrà l'invecchiamento, un'altra epoca della vita, un'altra migrazione.

Un'ultima osservazione conclusiva sull'innamoramento. Il grande innamoramento è, in ogni età, eccezionale. Esso avviene solo quando dobbiamo rompere bruscamente con il passato, aprirci la strada a forza verso il nuovo mondo, per crearvi la nostra nuova patria. Il grande innamoramento è morte e rinascita. Morte, in quanto segna il distacco da una appartenenza superata. E ri-nascita, perché è creazione di una comunità che ci rigenera. L'amore è l'esperienza soggettiva del processo di generare una entità che ci trascende e da cui siamo a nostra volta generati.

L'amore, perciò, sorge impetuoso e forte quando è grande il desiderio di vita e sono grandi gli ostacoli al suo sviluppo. Allora il mondo così com'è non ci basta, si sviluppano energie straordinarie e intravvediamo qualcosa di infinitamente superiore. Percepiamo il respiro nascosto dell'assoluto, e sogniamo, sentiamo che c'è un altro cielo e un'altra terra.

Il grande amore sorge se tutto il nostro essere tende verso qualcosa. Non importa sapere che cosa. L'importante è che tenda, l'importante è che sappia di avere una meta. L'amore nasce dallo spasimo, dalla ricerca, dall'ascesa. Esso è energia, lotta, rottura. Si innamora solo chi ha forza vitale, slancio vitale, chi vuol creare, costruire.

L'innamoramento è una forza individualizzante. Nasce dall'individuo e ci porta a scegliere quello che, per noi, è la persona migliore, più desiderabile al mondo. L'unica con cui vorremmo vivere, l'unica con cui vorremmo aver dei figli, l'unica che conta più di noi. L'unica con cui potremmo affrontare ogni pericolo, ogni avversità. Con essa creiamo una collettività in cui portiamo a compimento la nostra individualità.

L'amore si alimenta delle difficoltà, diventa più forte nelle difficoltà, quando viene contrastato. Perché è nella sua natura sfidare l'esistente e costruire cose nuove: una nuova coppia, una nuova casa, una nuova vita, nuove relazioni sociali.

Quando siamo tranquilli, ben pasciuti, soddisfatti di ciò che siamo e di ciò che abbiamo, quando siamo piacevolmente felici della nostra vita quotidiana, dei nostri svaghi, dei nostri divertimenti, delle nostre abitudini, del nostro riposo, del nostro ambiente, perché ci dovremmo innamorare? Perché dovremmo cercare qualcosa di totalmente diverso e gettare la nostra vita al di là della barriera di noi stessi? Perché dovremmo accettare di fonderci con un altro, annullarci in lui, e poi amarlo così com'è, senza pesarlo col bilancino dell'utile e della convenienza? Perché l'amore è questa follia, o non è niente. L'amore calcolo, l'amore misura, l'amore ragioneria dei desideri, del dare e del ricevere, è niente.

Sono perciò le epoche avventurose e grandi che generano i grandi movimenti, i grandi poemi, i grandi amori. Le epoche del risveglio. L'epoca di Dante in Italia, di Shakespeare in Inghilterra, di Molière, di Racine e di Corneille in Francia, di Goethe in Germania. Quando il tempo si tende come un arco per lanciare il suo messaggio nel futuro. Quando il tempo si fa storia e destino. Allora, in questo flusso, veniamo trascinati anche noi ed aspiriamo ad espanderci nello stesso modo, microcosmo del macrocosmo in espansione.

Non c'è perciò un'età della vita in cui l'innamoramento è più forte. Non è più forte, più intenso, più bruciante, più rinnovatore a quindici anni, o a venti, o a quaranta, o dopo. Ogni volta esso è l'espressione dello slancio vitale dell'individuo, della sua necessità di rinnovamento, e dello spirito del tempo che lo infonde e lo chiama.

Appendice

Prima parte: La rottura della coppia adolescente

La nostra ricerca sugli adolescenti mostra che, nella maggior parte dei casi sono le ragazze che decidono di lasciare il ragazzo.

Ricordiamo che anche fra gli adulti, in tutte le società, sono le donne che, abitualmente chiedono il divorzio.

Probabilmente ci troviamo di fronte ad uno schema biologico-sociale di rapporto fra i sessi. I ragazzi corteggiano, le ragazze scelgono e, quindi, sono poi loro che decidono di interrompere il rapporto.

D'altronde sappiamo che le ragazze hanno pensato più a lungo all'amore, ne hanno parlato e discusso con l'amica del cuore. Hanno fatto fantasie, progetti più precisi. Hanno aspettative più elevate, sono più esigenti.

Alla domanda: Per quale motivo vi siete lasciati? maschi e femmine ci rispondono in questo modo:

	maschi	femmine
Avevamo progetti diversi	48,15%	56,25%
Era diverso/a da come l'avevo immaginato/a	24,07%	41,46%
Non ero veramente innamorato/a	24,17%	31,25%
Lui / lei non mi amava	20,37%	24,64%
Ero cambiato/a cresciuto/a	24,08%	32,37%
Era egoista, infantile	14,87%	27,89%
Mi trascurava	14,81%	27,05%
Era troppo geloso/a	11,11%	14,49%
Era un rapporto abitudinario	5,55%	12,02%

Nei ragazzi e nelle ragazze più giovani sono importanti anche altri fattori come aver cambiato casa o scuola, l'opposizione della famiglia e aver poche occasioni per stare insieme. Molti dicono anche che: «è finita senza motivo».

Seconda parte:
Amicizia e amore nei bambini e negli adolescenti

Diamo ora qualche altro dato relativo al confronto fra bambini, preadolescenti ed adolescenti. Il primo riguarda l'amico del cuore. Di solito si pensa che siano gli adolescenti a dare maggior importanza all'amica o all'amico del cuore, quello in cui si ha fiducia e con cui ci si confida. In realtà le risposte alla domanda: Hai un amico del cuore? mostrano che la percentuale è massima nelle elementari (96%), scende nelle medie inferiori (86%) e scende ancora di più nelle superiori (74%). Cresce invece l'importanza degli amici, del gruppo.

Invece non cambia la natura del rapporto. Abbiamo fatto definire ai ragazzi di tutte e tre le classi di età, che cos'è l'amico del cuore. Le principali definizioni sono state queste: È la persona di cui mi posso fidare, che non racconta i segreti, che gioca, che si diverte con me, quello che io preferisco agli altri, quello che invito casa, a cui presto volentieri i miei oggetti, che mi aiuta, a cui cerco di assomigliare e così via. Ebbene la frequenza delle risposte non varia sostanzialmente col passare degli anni come mostra chiaramente la figura:

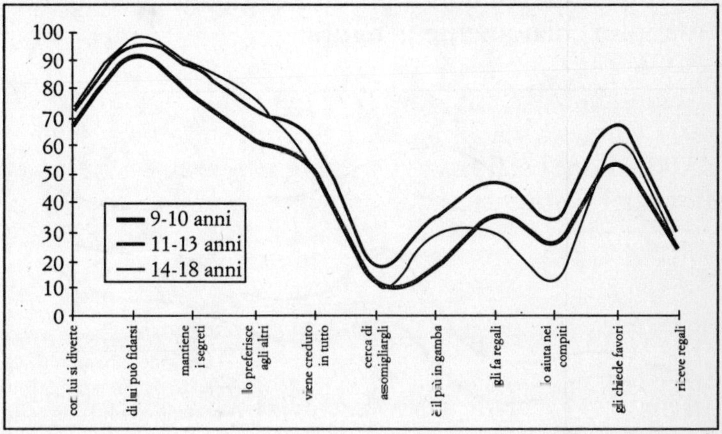

La linea scura è quella delle risposte dei bambini, quella più sottile è quella delle risposte dei preadolescenti delle medie inferiori, e quella sottilissima degli adolescenti delle superiori. Come si vede le tre curve si sovrappongono completamente. La configurazione emozionale e concettuale dell'amicizia non cambia con il passare dell'età. Nasce molto presto nell'infanzia e resta identica fino all'età adulta.

Passiamo adesso all'amore dell'innamoramento. La percentuale dei bambini, dei preadolescenti e degli adolescenti che dichiara di essere innamorata, in tutte e tre le età, è del 60% circa. Invece varia molto il numero di quelli che sono corrisposti e che hanno formato una coppia. L'amore dei bambini è soprattutto immaginario. Spesso è fatto di attese, di sguardi, di sospiri. Molti di loro sono timidi, non si confidano il loro amore e non formano una coppia. La percentuale di coloro che vengono ricambiati e di quelli che formano una coppia cresce con il passare degli anni. Ce lo mostra molto chiaramente la figura:

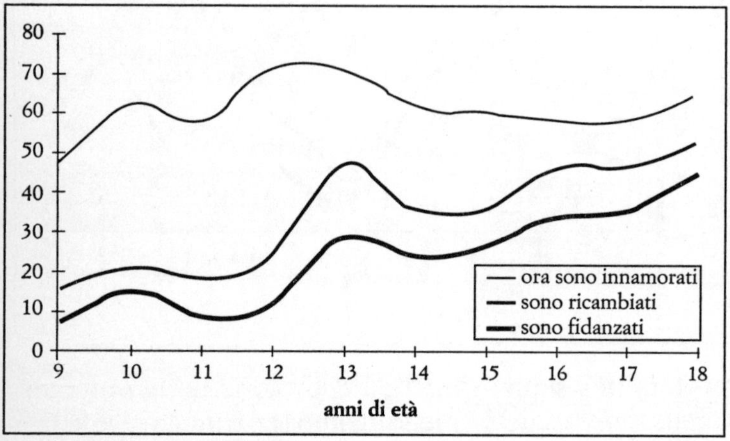

Passiamo ora a vedere se esistono delle differenze nella concezione dell'amore. Alla domanda Che cosa vuol dire essere innamorato? le principali risposte sono state: Pensare all'amato lontano, aver voglia di stare con lui, sentir battere forte il cuore, voler bene più a lui che agli altri, trovarlo il più bello, abbracciarsi, baciarsi, essere fedele. Ora, anche in questo caso, le risposte dei bambini, dei preadolescenti e degli adolescenti si sovrappongono quasi completamente, come mostra la figura:

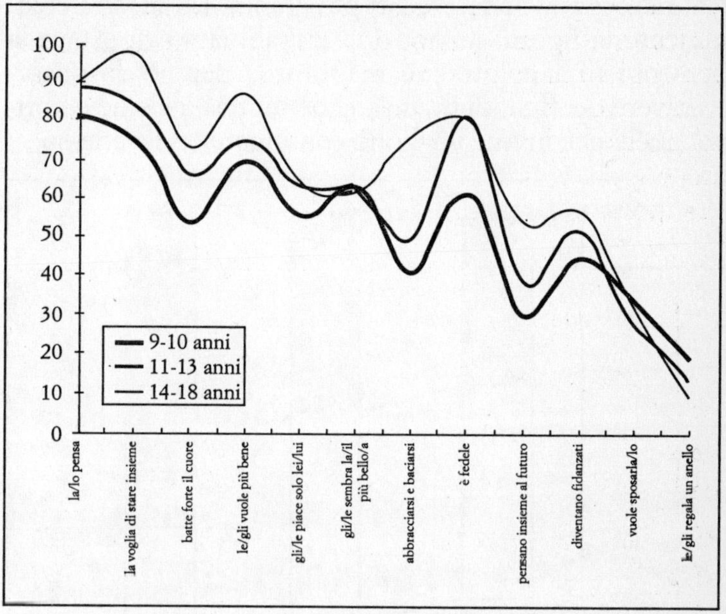

C'è un ultimo aspetto da approfondire: la programmazione del futuro. Normalmente si pensa che l'infanzia viva nel presente perché non è autonoma. Poi, con la preadolescenza e ancora più con l'adolescenza, aumenta la possibilità di autodeterminazione e, quindi, anche la progettazione del proprio futuro. A poco a poco l'adolescente diventa simile all'adulto. Ma i risultati della ricerca smentiscono questa ipotesi. Chi pensa al matrimonio, ai figli sono soprattutto i bambini. Poi vengono i ragazzini delle medie inferiori e, da ultimo, gli altri. Chi pensa maggiormente a mettersi insieme, a fidanzarsi? I più piccoli. Chi invece è contento di vivere alla giornata, senza fare progetti per il futuro, cercando solo la gioia, la felicità? Proprio gli adolescenti più grandi. Lo mostra chiaramente la figura qui sotto in cui abbiamo riportato la percentuale di coloro che, nel futuro, sperano di sposarsi e avere dei figli, di fidanzarsi o mettersi insieme e, infine, quelli che invece vogliono continuare come adesso.

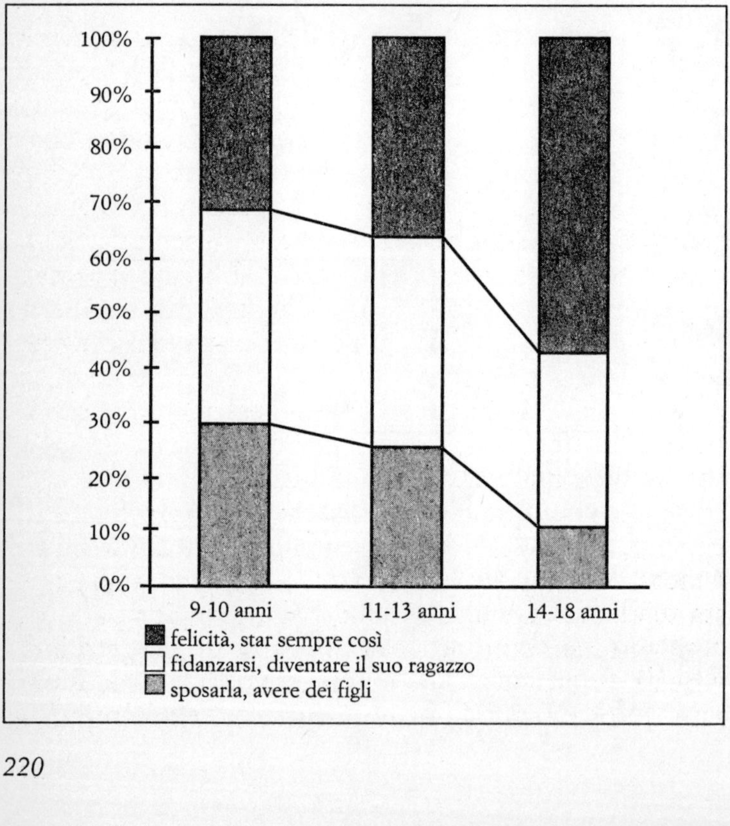

Quelli più proiettati sul futuro sono i bambini, quelli più soddisfatti del presente sono gli adolescenti più grandi. La spiegazione può essere che i piccini sono innamorati ma, spesso, non formano una coppia. Sperano di essere corrisposti, ma non hanno il coraggio di dire il loro amore. Il loro è un amore sognato più che realizzato. Perciò sono pochi quelli soddisfatti del presente. Invece i più grandi sono ricambiati, formano una coppia e, di conseguenza, vorrebbero prolungare il presente. Vorrebbero continuare ad essere e vivere come sono oggi.

C'è poi il fatto che i più piccoli sognano anche di sposarsi, di avere figli e i più grandi invece, proprio quelli più vicini ad un possibile matrimonio, lo fanno meno. Probabilmente questo deriva dal fatto che i bambini sono ancora influenzati dal mondo degli adulti, dai loro valori. Essi si immaginano simili ai loro genitori. Invece gli adolescenti costituiscono una società a sé stante, quella che anche abbiamo chiamato l'internazionale giovanile, più separata, più autonoma dal mondo adulto. E in questa società la tensione verso il futuro, il progetto, è più bassa. Le ricerche di sociologi come A. Cavalli hanno dimostrato che gli adolescenti di oggi non programmano il futuro. Altre ricerche hanno mostrato che essi non hanno alcun interesse per la storia, per il passato. Vent'anni fa era diverso e, forse, fra vent'anni cambierà tutto di nuovo ancora. Ma oggi è così e i nostri dati rispecchiano questa tendenza. Gli adolescenti, nella maggior parte dei casi, non hanno né progetti collettivi, né progetti individuali. Il loro orizzonte temporale, tanto verso il passato quanto verso il futuro, è ristretto. Possiamo dire, semplificando le cose, che vivono nel presente. Stanno fra di loro, fra gli amici del gruppo, chiacchierano, studiano, sperimentano, fanno attività sportive, ascoltano musica, vanno in vacanza, al pub, in discoteca. Ma non progettano la propria vita di coppia sullo schema del matrimonio tradizionale. La sperimentano via via, percorrendo strade sempre nuove.

Note

1. Vedi Luigia Camaioni, *L'interazione tra bambini*, Armando, Roma 1980. Francesco De Bartolomeis, *Il bambino dai 3 ai 6 anni e la nuova scuola infantile*, La Nuova Italia, Firenze 1968. Vedi anche Donald Winnicott, *La famiglia e lo sviluppo dell'individuo*, trad. ital. Armando, Roma 1974.

2. La ricerca su cui è basato questo libro è stata finanziata dalla SAI e verrà indicata come Ricerca SAI. Essa è costituita di cinque parti.
   1) SAI 1: Visite ad un asilo nido e a scuole materne e cinquanta colloqui clinici su bambini e bambine dagli otto ai dodici anni ad opera di Vieva Casini in Toscana.
   2) SAI 2: Ricerca, condotta con questionario su studenti della IV e V classe elementare (9-10 anni circa) e I e II media (11-12 anni circa) di Milano. Il disegno sperimentale era il seguente:

	maschi	**femmine**
IV-V elementare	111	92
I-II media	103	93

   3) SAI 3: Ricerca con questionario condotta su studenti maschi e femmine della III media e delle cinque classi delle superiori di Milano. Essi corrispondono ai 13-14, 14-15, 15-16, 16-17, 17-18, 18-19 anni.

Il disegno sperimentale era il seguente:

	maschi	femmine
III inferiore	49	43
I superiore	49	50
II superiore	51	50
III superiore	58	50
IV superiore	50	50
V superiore	50	45
totale	307	288

4) SAI 4: Ricerca condotta con questionario su studenti maschi e femmine del 1° anno di università di età compresa fa i 19 e i 22 anni. Il campione, in questo caso, era molto sbilanciato a favore delle femmine (243 femmine e 57 maschi). La ricerca è stata replicata su un altro campione ma con analoghe proporzioni.
5) SAI 5: 30 colloqui clinici condotti su adolescenti di ambo i sessi e 30 colloqui clinici su maschi e femmine fra i 20 ed i 30 anni per ricostruire la loro storia amorosa.

Il libro farà riferimento ad informazioni che vengono da una ricerca da noi condotta nel 1996 e finanziata dalla Omnitel. Essa sarà indicata come Ricerca Omnitel. Essa è stata realizzata a Milano esaminando maschi e femmine di cinque gruppi di età 13, 15, 18, 21 e 28 anni.

3. Ritengo inutile esporre di nuovo, in questa sede, la mia teoria dell'innamoramento come movimento collettivo a due che inizia con lo stato nascente e termina con la formazione dei patti, cioè delle istituzioni. Il lettore interessato troverà una esposizione sintetica di questo argomento nel libro *In-*

namoramento e amore, Garzanti, Milano 1979 e una esposizione analitica e dettagliata in *Ti amo*, Rizzoli, Milano 1996. Anche per la ricca bibliografia sull'innamoramento e l'amore rimando il lettore a questo mio ultimo libro.

4. Le differenze fra innamoramento e amicizia sono analizzate con cura nel mio libro *L'amicizia*, Garzanti, Milano 1984.

5. Ricerca SAI 2

6. Vedi Leslie R. Brody e Judith A. Hall, «Gender and Emotions» in Michael Lewis e Jeannette Haviland, *Handbook of Emotions*, Guilford Press, New York 1993. I risultati della ricerca SAI 2 e SAI 3 confermano questi dati e quanto era emerso dalla Ricerca Omnitel.

7. Su questi argomenti esistono due importanti pubblicazioni italiane. Cristiano Castelfranchi e altri, *Che figura. Emozioni e immagine sociale*, Il Mulino, Bologna 1988. E Valentina d'Urso (a cura di), *Imbarazzo, vergogna e altri affanni*, Raffaello Cortina, Milano 1994.

8. Il sociologo che per primo si è occupato del significato del segreto è Georg Simmel, *Sociologia*, trad. ital. Comunità, Milano 1989, pp. 291-345.

9. Sulla gelosia vedi Peter Van Sommers, *La gelosia*, trad. ital. Laterza, Bari 1991.

10. Vedi Aldo Carotenuto, *Riti e miti della seduzione*, Bompiani, Milano 1994. Claude Degrese e Patrick Amory, *Il grande gioco della seduzione*, Lupetti, Milano 1990. Georg Simmel, *Psicologia della civetteria*, Graphos, Genova 1993.

11. Sigmund Freud, *Opere*, Boringhieri, Torino, Vol. IV p. 531 e Vol. VIII p. 540.

12. Ricerca SAI 2.

13. Vedi Francesco Alberoni, *Ti amo*, Rizzoli, Milano 1996, pp. 87 e 147-151.

14. Albert Goldman, *Elvis Presley*, trad. ital. Mondadori, Milano 1983.

15. Sul tema del divismo vedi Edgar Morin, *Le star*, trad. ital. Il Mulino, Bologna 1960. Francesco Alberoni, *L'élite senza potere*, Bompiani, Milano 1973 e Lisa A. Lewis (Ed.), *The Adoring Audience*, Routledge, London 1992.

16. Usando una scala con punteggio da 1 a 3, la passione per il divo dello stesso sesso diminuisce da 2 nelle elementari a 1,8 nelle medie inferiori, a 1,7 in quelle superiori. Quella per il divo del sesso opposto, la passione erotica, invece cresce da 2 a 2,4 a 2,6. (Ricerca SAI 2, 3, 4).

17. Sull'amore per il divo nelle adolescenti vedi Francesco Alberoni, *Il volo nuziale*, Garzanti, Milano 1992.

18. Sui movimenti giovanili degli anni Sessanta vedi Gianni Statera, *Death of a Utopia*, Oxford University Press, New York 1975. Charles A. Reich, *The greening of America*, Bantam Books, New York 1961.

19. La teoria del processo che ci conduce dal movimento alla istituzione e il concetto di civilizzazione culturale sono esposti in Francesco Alberoni, *Genesi*, Garzanti, Milano 1989.

20. William Foote White, *Street Corner Society*, University Press, Chicago 1945.

21. Tommaso Senise e altri, *Psicoterapia breve di individuazione*, Feltrinelli, Milano 1990, pp. 135-136.

22. Francesco Alberoni, *Ti amo*, *cit*, pp. 61-67.

23. *Ibidem*, pp. 103-108.

24. Madame de La Fayette, *La principessa di Clèves*, trad. it. Rizzoli, Milano 1986. Pierre-A. F. Choderlos de Laclos, *Le relazioni pericolose*, trad. ital. Garzanti, Milano 1979.

25. Questa osservazione personale trova un preciso riscontro nei dati della Ricerca Omnitel da cui appare che i maschi attraversano una grave crisi attorno ai 15 anni. Una ventina di indicatori hanno un improvviso crollo e poi risalgono lentamente. È probabile che questa crisi dipenda dal fatto che i ragazzi, rifiutati in precedenza dalle loro compagne infatuate per un divo, vengono rifiutati una seconda volta a favore di un ragazzo più vecchio di loro.

26. Vedi Alessandro Cavalli, *Il tempo dei giovani*, Il Mulino, Bologna 1985.

27. Il movimento collettivo è qui inteso come il processo storico di rinnovamento e rinascita esposto in Francesco Alberoni, *Movement and Institution*, Columbia University Press, New York 1994 e *Genesi*, *cit.*

BUR
Periodico settimanale: 12 maggio 1999
Direttore responsabile: Evaldo Violo
Registr. Trib. di Milano n. 68 del 1°-3-74
Spedizione in abbonamento postale TR edit.
Aut. N. 51804 del 30-7-46 della Direzione PP.TT. di Milano
Finito di stampare nell'aprile 1999 presso
lo stabilimento Grafica Pioltello s.r.l.
Seggiano di Pioltello (MI)
Printed in Italy

ISBN 88-17-25827-X